I0448017

Una Aventura Llamada Vida.
Relatos desde el Socialismo del Siglo XXI hasta una Muerte Prematura

Reinaldo A. Poleo P.

Copyright © 2014 Reinaldo Poleo

All rights reserved.

ISBN-10: 1502853124
ISBN-13: 978-1502853127

DEDICATORIA

Para ti Red, por tu paciencia, tu apoyo, comprensión, en fin, por tu amor. Gracias por creer en mí…

ÍNDICE

RECONOCIMIENTOS

Este libro no podría ser posible sin la maravillosa intervención de un mar de personas fantásticas que me han acompañado y me acompañan en este caminar por tan fascinante planeta. Especialmente debo agradecer a mis Padres, Reinaldo O. Poleo T y Marietta de Poleo, quienes llenaron mi vida de amor, valores y posibilidades, soy lo que ustedes hicieron de mí. De igual forma, a mis Abuelos, Reinaldo H. Poleo M. y Rafael A. Pérez F, cuyo intelecto y pasión por el estudio fue realmente contagioso. No pueden faltar mi Abuela Carmen, mujer sencilla que llenó mi vida de su humildad y mi vieja hada Madrina, mi Bisabuela Panchita cuya magia y sabiduría despertaron mi propia magia.

Así también, debo agradecer a mi querida y entrañable amiga, Milagros Blanco, quien fue el impulso de que mis escritos se convirtieran en libro, a Ramón Blanco y su bella compañera de vida, Tibisay Rojas, cómplices y colaboradores de la idea original.

A mi querida amiga y aguerrida periodista, Berenice Gomez, cuyo apoyo y ejemplo están siempre presentes.

A todos mis queridos twitteros y twitteras, presencia constante en el diario debate de las ideas, último bastión de la libertad de expresión en nuestra convulsionada Venezuela.

Y vaya mi muy especial reconocimiento, a mi amiga y esposa, Ivin Rojas, mi correctora, inspiradora y cómplice en todas las locuras que me empeño. Gracias mi querido Dios, siempre tan vivo y presente en nuestras vidas.

1. POR QUÉ UN BLOG

La vida son decisiones, desde que tenemos conciencia. Esas decisiones nos hacen asumir responsabilidades y estas últimas nos definen. Es sencillo, en la vida somos testigos o protagonistas.

Yo he querido ser un protagonista, un hacedor; me dejaron soñar y decidí hacer realidad mis sueños. A mis 12 años de edad, en medio de una tormenta en Las Salinas, Edo. Vargas, escribí mi primer cuento. Una historia que se comieron las polillas, la misma narraba las desventuras y el heroico rescate de unas personas atrapadas por una tormenta en un istmo perdido. Desde ese momento, nació una imperiosa necesidad de escribir y me excusé en vivir para no hacerlo.

No hay un día en el cual no descubra algo maravilloso en mi entorno. Me he permitido ser empático y disfrutar del sentir; he dejado que mis sentidos se inunden de mi alrededor y he permitido a mi imaginación desbordarse hasta el límite de la locura.

Soy esclavo del cuerpo, mientras mi alma vuela libre en cada instante de mi existencia.

La fotografía, fue mi primera experiencia en redes sociales; me permitió acercar lo maravilloso que veía a todo aquel que se quisiera asomar a mi "Punto de vista" (http://www.photoblog.com/reinaldo/), así también llegó Facebook, Twitter (@rpoleo) y nació una necesidad impostergable de expresar lo que mi alma quería decir.

Un día leí acerca de los "Blog" y experimenté con una idea que aún mantengo, una novela esbozada en las "Crónicas de un Vampiro Americano" (http://vampirosamericanos.blogspot.com) .De ese Blog nació la idea de crear otro en donde pudiera expresar la ebullición de ideas que luchaban por salir de mi cabeza, mi experiencia, mi denuncia, lo que sentía que quería y tenía que decir…

El 3 de Mayo del 2008, tomé unas fotos de mi jardín e inicié mi experiencia formal en un Blog, **"Una Aventura llamada Vida"** (http://unaaventurallamadavida.blogspot.com).

En Noviembre del mismo año, unas elecciones me estrujaron el alma y escribí mi decepción, dando rienda suelta a la ironía en mi artículo **"Elecciones"**.

En Diciembre, con el artículo **"Perdón Señor Presidente"**, permití a la rabia hacer de las suyas y no fue sino hasta Octubre del 2010, **"La Mata de Navidad y el Jardinero"**, marcaron mi regreso y mi estilo.

6 años después, más de 25.000 personas se han tomado la molestia de visitar mi página y la mayoría después del 2010. Me he asomado a más de 25.000 almas, si he llegado o no, no puedo saberlo, sin embargo, les garantizo, que este cuerpo no se irá en silencio. Y si mis palabras han logrado un cambio positivo en alguien, me doy por pagado.

Lo digo y lo repito… inmortal es quien permanece en el alma de al menos una persona viva.

Dios no me dio hijos… pero me dio palabras.

2. ELECCIONES

Pasaron las elecciones, múltiples son las lecturas que dan a los resultados, y ahora viviremos otro año analizando dichas lecturas.

Es lamentable el juego político alrededor del poder, un gobierno del pueblo, para el pueblo y por el pueblo parece cada día más una realidad muy lejana.

Un gobierno populista, una oposición que aún se debate entre intereses personales y guerras internas impregnada de egos recrecidos, dejan sin sabor a las victorias de cualquiera de los bandos.

Ni lo uno ni lo otro...lo que no termina de cambiar somos nosotros...el pueblo.

Yo recuerdo en mis clases de liceo cuando el profesor de *Formación Moral y Cívica*, nos hablaba de la conformación del estado democrático, parece que fue ayer cuando veía los diferentes gráficos que mostraban el rol del pueblo y sus autoridades en los diferentes sistemas y al pasar el tiempo me doy cuenta de que nuestra democracia…antes y ahora no es más que un título, algo así como una descripción aproximada para ubicar nuestro sistema dentro de un contexto mundial.

La verdad, que raro suena eso, hoy como ayer nos dedicamos por entero a entregar "Patentes de corso" a unos pocos, e igual que el gobierno británico en su época, le entregaremos armas para que lleven a cabo su rapiña.

Solo rapiña es lo que hemos tenido en más de 30 años, tantas veces que he escuchado a académicos hablar del pueblo cubano..."un pueblo que acepta el gobierno que tiene porque no conoce otro sistema" y nosotros sin ser isla ni estar aislados nos comportamos del mismo modo y hasta peor...porque no estamos incomunicados.

Qué triste papel, en el cual el pueblo vota por un alcalde porque representa al presidente, suena a manada; mientras tanto, sus calles están llenas de huecos, los servicios no funcionan y a sus hijos los mata el hampa.

Un país de PENDEJOS que abrazan la estampita de un santo cuando salen a la calle y en sus mano tuvieron un voto y la responsabilidad inalienable de ejercerlo…

Ese siempre ha sido el precio de la ignorancia. La mejor receta para dominar a una manada no es ser el más fuerte.

ES HACERLE CREER A LOS DEMÁS QUE NO SON FUERTES, gritando más duro, bufando, moviéndose exageradamente… ¿Es que acaso no han visto ANIMAL PLANET???

Definitivamente, hace muy poco tiempo que bajamos del árbol… el problema mayor es que creemos que nunca estuvimos ahí, o peor, no nos damos cuenta de que seguimos ahí.

Reúne un grupo de personas convéncelos de echarle la culpa a otro de lo que pase, habla más duro y diles que eres el futuro, mantenlos entretenidos con cualquier cosa que se te ocurra, tales como, enemigos, imperios, extraterrestres, se va a abrir el cerro o la machaca. Usa la fuerza contra los que tengan pensamientos individuales, los difíciles de deslumbrar y acúsalos de ser los culpables de que no tengas nada, regala migajas al más necesitado y convéncelo (diciéndolo repetida e incesantemente) de que no avanzamos porque lo que nos dejaron estaba demasiado malo…esta es la receta de un gobierno en Venezuela.

No hay problema será muy tarde cuando se den cuenta de lo que pasó…

Es más…ya ni estaremos…pobre manada…no hay que preocuparse, ya vendrá otro que me echará la culpa, gritará bien fuerte, agitará los brazos y volveremos a empezar.

¡NO!!!… los gobernantes son administradores de los bienes del pueblo, lamentablemente son también el reflejo del pueblo.

Hoy más que nunca, resuenan en mi cabeza las palabras del innombrable Padre de la Patria, único pensador que hemos tenido, porque desde que fui a la escuela no he sabido de más nadie que piense…

"UN PUEBLO IGNORANTE ES INSTRUMENTO CIEGO DE SU PROPIA DESTRUCCIÓN"

¿Era esto un pensamiento? O ¿fue la clase magistral mejor aprendida por todos aquellos que nos han gobernado y los que pretenden hacerlo?

NO HAY GOBIERNO SIN PUEBLO, UN BUEN GOBIERNO ES LA DEMOSTRACIÓN DE UN BUEN PUEBLO… TENEMOS UN BUEN GOBIERNO?

Publicado el 26 de Noviembre del 2008 por Reinaldo Poleo
http://unaaventurallamadavida.blogspot.com/2008/11/eleccione s.html

3. PERDÓN SEÑOR PRESIDENTE

De verdad señor presidente, perdón… el mayor contrincante que tiene usted es la ignorancia, pero eso es, un poco culpa suya, después de todo, la ignorancia es gratis y con lo cara que están las cosas, todos corremos a buscar ofertas.

Esas mismas ofertas que nos invitaban a votar este 23 de Noviembre del 2008, que era un derecho y un deber y que el "PUEBLO" era soberano y expresaría su opinión… ¡PERDÓN¡

Se lo juro, mi presidente, yo no voté en su contra, yo voté en contra de un poco de tipos que no hacían su trabajo, en serio, no sabía que tenía que volver a votar por ellos y dejarlos en el cargo que nunca han querido ejercer. Palabrita, yo entendí que cuando hablaba de contraloría social, se refería a que nosotros… los de la calle, la gente de a pie, tendríamos la misión de velar porque los intereses del pueblo estuvieran por encima de los particulares. Pero es que usted no se explica… bueno si lo hace…pero es que yo no entiendo.

Después de verlo arrecho, esa madrugada del 24 de noviembre del 2008, fue que me di cuenta de que "la puse"… Bien merecido tenemos que nos quite los juegos de pelota, las novelas, pero hay que hacer algo con la señal del cable yanqui que nos impide verlo a usted en todo su esplendor.

Bien merecido tenemos que suspenda las navidades y de una vez nos demos cuenta de que usted es el redentor. Bien bueno eso de averiguar cuál fuerza maligna se la pasa moviendo los carnavales y me da pena, con su majestad, que tenga que ponerse a trabajar por su coronación eterna cuando eso lo debimos hacer nosotros… de verdad, si usted no hace las cosas directamente, esta vaina no avanza.

Pero tanto escucharlo me ha dado luz, el otro día usted dijo que "Usted "es la voz del pueblo…y lo gritó y de nuevo lo escuché y vi la luz.

Si Usted es la voz del pueblo y no se hace lo que usted dice, entonces no se hace lo que el pueblo dice… ¿Es así verdad?

Mi presidente o mejor Hugo, como nos dijiste que te gustaba que te llamáramos, si me hubieras explicado sería más fácil, tantas arrecheras que te hubiésemos evitado, tanto tiempo que te dejaríamos para que descansaras.

Y para completar, la oposición insensata e imperialista, pretende usar palabras del "devaluado" (Bolivar), para frenar tu lógica coronación eterna, esgrimiendo argumentos arcaicos, aplicables a los falibles humanos, poniéndote a la altura de los pobres mortales y no de las circunstancias y el histórico momento que vivimos.

Eso es como si pretendieran decir que Dios tiene fecha de vencimiento…coño en qué cabeza cabe…

Reconozco mi error, y me comprometo a cambiar, me he de convertir en tu profeta y buscaré la firma de millares de personas en el mundo que te quieren para siempre.

De mi casa he desterrado los villancicos, las gaitas, el color rojo y el verde; me he vestido de morado y solo se entono el himno cristiano…"PERDOOONAAA A TU PUEBLO SEÑOOORRRR, PERDOOONA A TU PUEBLO PERDONALE SEÑOR… NO ESTES ETERNAMENTE ENOJAAAADOOOO…NO ESTES ETERNAMENTEEEE ENOJAAAADO PERDONALE SEÑOR"

Al darme cuenta de mi error, estoy recogiendo firmas mi presi, pero no para reelegirlo, que esa la tenemos ganada…sino para elevarlo a los altares como debe ser, si el bolsa del "PELUSA" tiene una iglesia a usted le consigo una religión… desde hoy me declaro HUGONIANO y en mi casa he montado mi pesebre con chinchorro en un paisaje de sabaneta… pero por lo que más quiera mi señor… no se me moleste más!!!

Yo ya escribí mi cartita dirigida al niño de sabaneta, (por cierto, hasta profético el aguinaldo de "el niño Jesús sería, un niño venezolano") y le pedí una sola cosita…a ver si se puede…que no suban la tarifa de la tv por cable…usted sabe… para poder ver tele sur…

Gracias por los favores recibidos.

Publicado el 20 de Diciembre del 2008 por Reinaldo Poleo
http://unaaventurallamadavida.blogspot.com/2008/12/perdn-seor-presidente-de-verdad-seor.html

4 LA MATA DE NAVIDAD Y EL JARDINERO

Ahora que se acercan las fiestas Decembrinas, comenzamos desde los meses anteriores a planificar la nueva decoración que desplegaremos en espera del niño Dios o para recibir a los amigos, entregándonos a las legendarias libaciones comunes de la fecha... Lo que ocurra primero.

En este momento, faltando casi 1 mes para Diciembre, ya mi esposa tiene desplegada una programación tal, que ni la NASA es capaz de planificar con tanto detalle.

En mi curiosidad infantil y casi como ladrón de secretos empresariales, tomo la lista, básicamente para saber a qué se enfrenta mi presupuesto antes de ser catalogado "*El Grinch versión 2010*".

Dentro de la seguridad del baño, mi mirada se concentra en el ítem 3.2.1.a... "La Mata de Navidad"... Uno de los retos ancestrales de mi existencia.

Una gota helada de sudor recorre mi frente, se desliza por mi sien, mientras el mundo se esfuma a mi alrededor; se agolpan los recuerdos de por lo menos 40 navidades pasadas, en las cuales compré con alegría mi mata de navidad, y mi épica lucha para mantenerla viva después del 15 de Enero, fecha en la cual comienza a desintegrarse, ante el desespero total de un abnegado cuidador...hasta desaparecer la última hoja y secarse la última rama. 40 años de dolor... hasta Marzo del 2010!

Corría el mes de Mes de Marzo del 2010 y ante la subida excesiva del precio del tomate, tomé la decisión de experimentar el cultivo del mismo en macetas. Preciosos, enormes, jugosos fueron el resultado de mi primera cosecha...tomé la decisión de ampliar mi cultivo y eche mano de todo matero, cajón o lata que se me atravesara. En la fiebre mística de granjero de apartamento, tomé el matero que albergaba los restos secos de mi última "Mata de Navidad". Debo reconocer que con casi una reverencia y actitud de entero respeto y sentimiento de culpa por no haber podido salvarla, extendí el periódico en el piso en el cual volcaría la tierra que cubría las raíces de mi amada "Mata de Navidad".

Segundos antes de volcar el contenido del matero... Mi vista lee una noticia, "El gobierno expropia arrocera"... más adelante leo "El presidente amenaza a empresas Polar"... Con indignación tiro la tierra sobre las fatídicas noticias del Socialismo del siglo XXI (con la esperanza de que ese entierro, cabalísticamente acabara con tanto descalabro) y en ese momento... ¡Sorpresa!

Como en cámara lenta, caían los terrones de tierra compacta... el tallo se iba descubriendo poco a poco hasta asomar la raíz. Mi mirada incrédula trataba de desentrañar la maraña de raíz entremezclada con una especie de esponja verdosa que la envolvía y asfixiaba... corrí a donde se encontraba mi cementerio de materos de Navidad, vaciando uno a uno, descubriendo el mismo elemento adherido a las raíces muertas de mis amadas. ¡He sido engañado! Víctima del capitalismo salvaje que procede a venderme una planta con sentencia previa, de muerte.

La astucia del jardinero me ha ganado por última vez...este año compraré mi "Mata de Navidad" y procederé a arrancar el asfixiante anime floral y una vez más lucharé, con renovada esperanza, por la vida de mi nueva planta.

Ya que mi nuevo plan se prepara para ponerse en curso, al momento de planificar mi siguiente paso, se entremezclan las ideas; la raíz asfixiada, expropiación de arroceras, ataque a Polar y todo se vuelve claro.

El jardinero presidencial también sabe de estafa planificada. El ataque despiadado a las raíces de la producción, ha asfixiado, poco a poco, tanto a los pequeños productores como a las grandes empresas que se nutren de la materia prima de las más pequeñas. A Polar no la va a matar una expropiación, a Polar la están asfixiando.

¿A quién perjudican? ¿En verdad creen que los grandes "cacaos" de la Burguesía Venezolana, se verá afectados significativamente, por estos ataques? ¿A que IMBÉCIL se le puede ocurrir que a estos GERENTES de empresas, los cuales, son ejemplo de eficiencia en el mundo, los atrapará la burda estrategia de la obsoleta maquinaria comunistoide?

¡NO SEAN TARADOS!

Estas empresas ya tienen ramificaciones internacionales bien plantadas y muy anteriores a este gobiernucho, las cuales han afianzado sus estrategias internacionales en 12 años de estupidez.

No obstante, ¿qué pasa con los miles de empleados que "serán reenganchados" por el aparato productivo, probadamente ineficiente del gobierno?

Les invito a preguntar a los empleados de "Éxito", de los Hatos expropiados, de "Diana" y "Fama de América", de "Papeles Venezolanos" y hasta a los policías, de las vías expresas absorbidos por la Policía Nacional.

Bajas de sueldo, perdidas de beneficios...

¿En dónde están los empleados de las casas de Bolsas?

¿Entre otros miles que han perdido sus trabajos?

Este jardinero nos está vendiendo una mata con el tiempo contado... esta navidad yo resuelvo mi problema con el vivero... ¿Cuándo resolvemos el problema de Venezuela?

Publicado el 26 de Octubre del 2010 por Reinaldo Poleo
http://unaaventurallamadavida.blogspot.com/2010/10/la-mata-de-navidad-y-el-jardinero-por.html

5 ALGUNAS REFLEXIONES

A continuación les recomiendo esta reflexión que me pasó mi Padre, de una de esas madrugadas llenas de insomnio patriótico que a veces le acompañan, luchador de batallas pasadas, presentes y futuras... y de un alma llena de Patria.

"Venezuela lamentablemente es un país al revés, los antivalores se han apoderado de todos los espacios de la cultura, la política, la economía y pare usted de contar, los gobernantes del momento, exaltan la vulgaridad, protegen la delincuencia y los delitos más castigados son la oposición a este gobierno de turno, que por cierto ya tiene un turno bien largo de 12 años.

La gran riqueza del país, el petróleo, es gratuitamente repartido, en algunos casos y casi gratuito en otros, el dinero que nos entra por la venta del petróleo a El Imperio, es repartido entre los países "Amigos" más necesitados y el dinero que queda en el país, en lugar de ser usado en mejoras de nuestras vías, en fabricación de nuevos hospitales y su dotación o en nuevas escuelas; es usado en propaganda política, en creación de cuerpos paramilitares para protección del presidente, y en importación de alimentos en detrimento de la industria nacional, la cual es fustigada constantemente por el solo hecho de ser empresas prosperas, como es el caso en particular de Las Empresas Polar. El sector de producción nacional como son las Siderúrgicas y demás empresas procesadoras de la riqueza mineral del país, están cerradas o trabajando al mínimo y en muchos casos en conflicto con los trabajadores que el gobierno dice defender a capa y espada.

La energía eléctrica cada vez colapsa más, debido a que no se ha invertido en ese sector lo suficiente, en los 12 años de gobierno, para cubrir las necesidades del país, debido, como dije antes, a el dinero de todos los venezolanos es repartido alegremente entre nuestros "Amigos", léase Cuba, Nicaragua, Bolivia, Ecuador y hasta Argentina que aparentemente es un país actualmente autosuficiente.

Ahora me pregunto, qué pasa con nosotros los venezolanos, cómo es posible que haya un sector que apoya estas barbaridades. Sabemos que es porque de alguna manera sienten que reciben un beneficio particular y por eso aplauden como focas y se regodean defendiendo lo indefendible; no se dan cuenta o no se quieren dar cuenta de que cuando vienen las elecciones, es cuando comienzan a dar algunas prebendas a ese pueblo que se conforma con una bolsa de comida, no se dan cuenta de que al destruir la empresa privada de Industria y Comercio se está coartando el derecho al trabajo y al progreso de cada uno de nosotros, no se caigan a mentiras pensando que el gobierno les va a dar trabajo a todos los venezolanos, y a los que dependen de él, los someten a vejaciones sin tener libertad política ni decisión alguna en sus vidas. Sino fíjense en la nueva Ley Antitalanquera, la cual no es más, que un freno al que se le ocurra pensar distinto.

Hermanos venezolanos, todos, mujeres y hombres adultos, ancianos y jóvenes, tenemos que tomar conciencia del futuro de nuestros hijos y nietos, no pretendamos vivir cómodamente el momento, sin pensar en lo que vendrá a las generaciones futuras y la manera de hacerlo es de la manera democrática. Ya se aproximan las elecciones presidenciales, donde está en juego ese futuro, procedamos, como debe ser, buscando el bien, la tranquilidad, la prosperidad y la felicidad de todos los venezolanos.

No esperemos a que se sucedan en nuestro país, métodos violentos para buscar esa libertad y tranquilidad como está sucediendo ahora en otros países, tenemos en nuestras manos el futuro nuestro y de nuestros hijos y nietos.

Adelante compatriotas, luchemos por la Verdad, aunque ésta sea lo más peligroso que hay.

Según dicen algunos…"

Reinaldo O. Poleo T.

Publicado el de Marzo del 2011 por Reinaldo Poleo
http://unaaventurallamadavida.blogspot.com/2011/03/algunas-reflexiones_31.html

6 **M*A*S*H** HECHO EN VENEZUELA

En la década de los 70, M*A*S*H* se convertía en una de las series más vista de todos los tiempos. Descrita como un drama-comedia, el cual rendía culto a un humor tan negro, como la situación que parodiaba; los hospitales móviles en la guerra de Corea.

De ahí su nombre, "Mobile Army Surgical Hospital" o su equivalente en español, Hospital Quirúrgico Móvil del Ejército.

Su trama giraba en torno a un equipo de médicos y enfermeras, en la cruenta guerra de Corea, y su lucha por devolver, lo más completo posible, a los mutilados soldados norteamericanos, víctimas de graves heridas de batallas.

Una emboscada en un río puede ser una de las escenas más vistas en películas de las guerras en Vietnam y Corea...

Siempre me impresionó aquella famosa escena en "Nacido el 4 de Julio" en donde cae abatido el soldados mientras protege la huida de sus compañeros. De la misma forma como fue abatido mi suegro, Iván "El Gocho" Rojas, a la orilla de un río en las cercanías de Güigüe, ahí mismo puej, en las cercanías de Valencia, Estado Carabobo en la República Bolivariana y Socialista de Venezuela.

Qué iba a pensar, que en aquélla calurosa mañana del 29 de Julio, mientras paseaba en bicicleta con su grupo de ciclistas ancestrales, sería sorprendido por la bala traidora y que sin razón aparente traspasó su espalda, perforando diafragma, pulmón, estómago y pierna (eso se llama economizar balas).

Luego la corredera, subirlo del río, buscar el carro para trasladarlo al hospital de Guigue, búsqueda de ambulancia al Hospital Central de Valencia ya que una herida de bala sobrepasa la capacidad del "Hospital" de Güigüe; avisar a familiares, desesperación, "ayes" y "por queses"...

En fin, todo lo relacionado con la llegada de una tragedia repentina.

Una atestada sala recibe al herido, el calor, los gritos, el sucio y los hedores se conjuga en una sala en donde se respira muerte.

Es el mismo ambiente del M*A*S*H*, el mismo olor del hospital de guerra, de una guerra constante y diaria por la supervivencia del venezolano de a pie, del que no tiene póliza de seguro o del que no tiene tiempo para esperar por alguien que diga que tiene póliza de seguro.

A nuestro desesperado pedido de traslado, ante tan dantesca visión, aparece la voz serena y firme de un desconocido..."*Calma, que no hay mejor lugar para operar a un herido de bala, aquí lo hacemos a cada segundo*".

Al amanecer del sábado, el resultado confirma aquellas palabras, una larga espera para ser operado, sin embargo, las manos maravillosas de un equipo que lo que tiene es vocación, le ha salvado la vida.

No sé si fue el Capitán Benjamín "Hawkeye" Pierce, Jefe de Cirugía o le atendió la enfermera Kealany o quién nos calmó fue el Capellán Jhon Patrick, pero lo que les puedo decir es, que sus nombres eran bien criollitos, los doctores Erik, Oswaldo, Yoel y la licenciada Fernández entre otros tantos que entre bromas y frustraciones se dedican a arrancar víctimas a la muerte , a mano pela'.

Sólo el domingo logramos el traslado... Atrás quedó la desesperada búsqueda de medicinas por toda Valencia, la compra de insumos hospitalarios a los buhoneros de los alrededores, las persecuciones a los pocos médicos y enfermeras que cuidan a cientos de convalecientes, las noches en los alrededores, los ruegos a los celadores y sólo fueron dos noches.

Igual atrás quedó, la señora que limpia, la cual cubre una suplencia desde hace 7 años, la señora que desde hace 40 días espera la recuperación de su hijo, el pasillo en donde se cruzan los cadáveres rumbo a la morgue con las personas emocionadas que vienen de la sala de parto.

Así también, quedó atrás el Maracucho y su compañero de la ambulancia 23 de Operación Alegría, que brindan un servicio de excelencia y calidez humana en forma gratuita a "todos" sin exclusión y con una simple llamada al 171, a pesar de tener los recursos limitados por un gobierno centralizado, que cree que al no bajar los recursos a las regiones, castiga a un gobernador y se olvida de la gente.

Gracias a todos, porque a pesar de la corrupción, la falta de recursos y la desesperanza, el espíritu se levanta, y se impone el bravo pueblo, la gente... ¡Qué orgullo es, ser Venezolano!

Ahora estamos en una Clínica...pero eso será parte de otra historia.

Publicado el 4 de Agosto del 2011 por Reinaldo Poleo
http://unaaventurallamadavida.blogspot.com/2011/08/mash-

hecho-en-venezuela.html

7 EN LA TIERRA DE CAÍN, ABEL VIVE.

Aún está fresco en mi memoria, aquel terrible relato que la Hermana nos contaba, sentados, silentes y expectantes en las sillitas del Kínder en "Fe y Alegría"... El hermano se abalanzaba contra su hermano menor, asestando el golpe mortal que teñiría la tierra con la sangre del primer asesinato. La grotesca imagen de mi propia persona, asestando el golpe mortal en contra de mi hermanito me persiguió por mucho tiempo, peor aún era el hecho de la irrefutable sentencia que acompañaba la narración..."Somos Descendientes de Caín".

Mucho tiempo ha pasado desde aquel kínder, de las monjas y de la cruel historia que me hizo querer aún más a mi hermanito, ante la imagen de estamparle un "mandibulazo" de burro en la frente.

El día de ayer, mientras revisaba viejos documentos, cayó al suelo uno en particular, el cual leí y conservé, hace mucho tiempo atrás; es el mensaje de S.S. Pablo VI por la Jornada Mundial de la Paz de 1971 y le titulaba "Todo Hombre es mi Hermano" (Pueden leerlo en http://multimedios.org/docs/d000336/). Casi al final de tan maravilloso y actual mensaje sentencia lo siguiente:

"...Nuestra certeza en la palabra divina de Cristo maestro, que la esculpió en su Evangelio: "Todos vosotros sois hermanos" (Mt. 23, 8). Podemos ofrecer, además, el consuelo de la posibilidad de aplicarla (¡porque cuán difícil es en la realidad práctica ser de verdad hermano con cada hombre!); lo podemos lograr recurriendo, como canon de acción práctica y normal, a otra enseñanza fundamental de Cristo: "Cuanto quisiereis que os hagan a vosotros los hombres, hacédselo vosotros a ellos, porque ésta es la ley y la doctrina de los profetas" (Mt 7, 12). ¡Cuánto han meditado filósofos y Santos sobre esta máxima, que relaciona la universalidad de la norma de hermandad con la acción individual y concreta de la moralidad social! Y por último, estamos en condiciones de ofrecer el argumento supremo: el de la

Paternidad divina, común a todos los hombres, proclamada a todos los creyentes. Una verdadera fraternidad entre los hombres para que sea auténtica y vinculante supone y exige una Paternidad trascendente y rebosante de amor metafísico y de caridad sobrenatural. Nosotros podemos enseñar la fraternidad humana, es decir, la paz enseñando a reconocer, a amar y a invocar al Padre nuestro que está en los cielos. Sabemos que encontraremos cerrado el ingreso al altar de Dios si antes no nos hemos reconciliado con el hombre-hermano (Mt 5, 23 ss; 6, 14-15). Y sabemos que si somos promotores de paz, podremos entonces ser llamados hijos de Dios y estar entre aquellos que el Evangelio declara bienaventurados (Mt 5,9)..."

Al terminar su lectura, nuevamente apareció el antiguo fantasma de Caín en mi mente y me doy cuenta del peso que tiene una mandíbula de burro en nuestros días.

El Observatorio de Conflictividad Social de Venezuela del Consejo Latinoamericano de Ciencias Sociales (CLACSO) registró en el mes de junio del 2011, al menos 456 protestas. Las exigencias se orientaron hacia derechos laborales 162 (36%), solicitud de vivienda digna 132 (29%), exigencias educativas 34 (7%), y demandas por seguridad ciudadana, derechos de personas privadas de libertad, participación política y derecho a la justicia un total de 128 (28%)(Les recomiendo leer este artículo, http://canaldenoticias.com/tendencias-de-la-conflictividad-social-en-venezuela-0).

En este excelente análisis se va observando el incremento notable de los conflictos, miles protestando por sus propias parcelas, unos protestan por las hojas, otros por las ramas, otros más por el fruto y unos cuantos por el tronco... Otros agitan la voz por los insectos y otros se quejan de las aves... Pero a todos se les olvida que es UN SOLO ÁRBOL DE UNA SOLA RAÍZ!!!

¿Es tan difícil entender que donde terminan mis problemas comienzan los de los demás, que mi libertad colinda con la tuya y que compartimos más de una pared, un techo y un piso en el mismo apartamento que llamamos Venezuela?.

Qué difícil es entender que TODOS SOMOS HERMANOS, todos somos hijos de hombre y mujer, todos necesitamos comer, beber, respirar... Todos tenemos el mismo derecho a vivir, a mirar un cielo sin límites y a aspirar recorrer cualquier rincón de NUESTRA patria; que los problemas del vecino, eventualmente serán mis problemas...

Al final de cuentas, las diferencias que nos separan son las mismas que enriquecen nuestra diversidad, nuestra individualidad y capacidad de crear, al construir sobre todas las visiones dirigidas a un bien mayor... ¡El bien común!

¡Por favor Venezolano, abre los ojos y empuña tu propio lápiz para escribir tu propia historia! ¡Pero que sea una historia de Justicia, de orgullo y plagada de libertad y de respeto por las libertades de TODOS los que de manera diferente, pero bajo el mismo techo, vivimos en esta tierra de gracia!

Mientras escribo esto... Unas damas expresan su lucha a través de una Huelga de Hambre... Una huelga de hambre por la libertad de Presos, víctimas de una justicia parcializada, viciada e injusta... Un preso que puede ser mi Padre, mi Hermano, mi Amigo, YO o TÚ...

Sin embargo, estas damas entienden un hecho simple y maravilloso... ¡TODO HOMBRE ES MI HERMANO!

Después de todo, es posible que ABEL hubiese tenido descendencia…

Dedicado a Sonia Camacho y las @mujeresdenegro

Es solo el comienzo... es solo el inicio.

Publicado el 16 de Agosto del 2011 por Reinaldo Poleo
http://unaaventurallamadavida.blogspot.com/2011/08/en-la-tierra-de-cain-abel-vive_16.html

8 **M.A.S.H. II.** EL RETORNO DEL GOCHO

Definitivamente, una de las características más notable de los seres humanos, es la firme creencia en su "Inmortalidad". Durante toda mi vida he sido un férreo enemigo del miedo, ese ancestral enemigo de la humanidad capaz de hacernos cometer los actos más espantosos en pro de nuestra supervivencia.

Confuso, ¿No?

Pero es que somos inmortales hasta que nos ataca el miedo.

Hoy hace 44 días, una bala "Perdida" cambiaría la vida de mi familia; hace 44 días en que mi suegro, Iván "El Gocho" Rojas, fuera literalmente atravesado por una bala que le dejaría hasta el momento, con un pulmón colapsado y 15 Kilos menos... Además de la lesión del diafragma y estómago y de su preocupación por respirar antes que comer.

44 días en los cuales el mundo siguió su curso, transmitiendo los mismos programas en TV, escuchando los mismos discursos, enterándonos de que se están yendo más de los que están llegando... Pero el Gocho sigue ahí...el Gocho sigue luchando.

Hacen 44 días que no abre su bodega, 44 días que no sale en Bicicleta, 44 días que no toma sus cervezas ni pone su picante en la mesa...

Pero está ahí, sumido en la tristeza, en la duda y por momentos, en la desesperación de no entender el por qué su vida ha cambiado.

Lo más importante son todas las cosas postergadas, tantos paseos, tantas palabras, tantos te quiero que se quedaron en ganas, porque duda de su mañana.

Ya el Gocho dejó de ser Inmortal, ahora el gocho tiene miedo... Por culpa de **"Una bala"**.

Lo que no sabe el Gocho es que mientras él convalece, 528 venezolanos murieron en el mes de Agosto del 2011... Lo que el Gocho desconoce es que casi 5000 personas fueron heridas y convalecen iguales o peor que él, sólo en el mes de Agosto... Y saben? Ya no suena tan "Chavista" como antes... La bala no tenía color... Ni ideología política... Solo era "una bala" y se usa para matar.

Mi estimado Gocho, sé que leerás estas líneas y quiero que sepas que todo esto pasará, seguro te veré en alguna edición de "I Survived" de la TV, seguro estarás sentado con tus capacidades, fuera de lo común, renovadas, seguro habrás olvidados los amargos retazos de recuerdos que me contaste, volverás a correr tu bicicleta, a tomar tus cervezas y a contar tus "Historias".

Volverás a ser Inmortal... Seguirás bendito... Se te olvidará el miedo y solo espero que no vuelvas a postergar...

Solo en Agosto del 2011, 528 Venezolanos NO TUVIERON TU OPORTUNIDAD.

Es tiempo de Vida, no de muerte, es tiempo de luchar por nuestras vidas y no permitir que nos sigan matando... Es tiempo de acabar con un gobierno irresponsable que no ha sabido cumplir el contrato o CONSTITUCIÓN para el cual fue contratado.

Señores... Por mi parte, ESTÁN DESPEDIDOS!

P.D. Las Balas no están perdidas… tienen un destinatario… *"EL MÁS PENDEJO"*… Solo escuchamos de Magnicidio cuando lo que vivimos es un "Pueblicidio"…

¡Despierta Venezuela!!! Mientras puedas…

Publicado el 12 de Septiembre del 2011 por Reinaldo Poleo
http://unaaventurallamadavida.blogspot.com/2011/09/mash-ii-el-retorno-del-gocho.html

9 DE BANCOS, COLAS Y PAVOS

Quincena y en el Banco... Sacrosantas palabras que desde tiempos inmemoriales nos *"espeluca"* el alma. Y mientras hago meditación trascendental en el único rincón que pude encontrar, la mirada se pierde, sin pestañeo, hipnotizada y anegada en lágrimas, dirigida a una pantalla que pinta numerosos números que te dirigen a unas cajas vacías, ya que los portadores de los números, hace años partieron o tal vez murieron en la inclemente espera.

Mi inconsciente se atreve a susurrarme acerca de la información que aparece a un lado en pantalla compartida (supongo que la idea les vino de aquel aciago día de Abril), cantidad de servicios, información por correo, tarjetas Dorada, Platinum, pero si quiero solicitar alguno tengo que tomar otro numerito y fijar la mirada en otra pantalla.

Una gota de sudor brilla en mi frente, el calor no es normal, a Dios gracias la H1N1 ya no está, sin embargo, no falta el que estornuda estruendosamente, con el fantástico efecto de piedra en laguna, logrando el alejamiento de los que tiene alrededor... ojalá yo pudiera estornudar así y me dejen de apretar.

Siguen las cajas vacías, cuando de pronto... ¡Un sobresalto!.

UN afortunado tiene uno de los números... muchas caras, incluyendo la mía, se iluminan con la sonrisa infantil de sentir que es cierta la posibilidad de ser atendido

¡ES POSIBLE!

¡SI SE PUEDE!!!!

El cajero, despertando del sopor de la inactividad, mira casi con repugnancia al cliente que muestra el número ganador, los demás cajeros giran sus miradas incrédulos. Un murmullo entre los clientes, optimismo en la cola. ¡SI SE PUEDE! El hombre logró hacer el depósito... ¡Un pequeño paso para un hombre... pero un gran paso para la humanidad!

20

Sigue la espera y no lo puedo negar, confieso optimismo. En mi mente aún está fresca la imagen del Banco homónimo al nombre de la nación, el cual pasé al dirigirme a mi Banco... La larga cola fuera del banco para tomar el número que te permitirá esperar "Sin Cola" dentro del banco.

Aún recuerdo aquellas largas colas que se hacían en los Bancos de mi ayer, llegabas en manos del azar y tomabas cualquiera de las colas, rogándole al destino que no te tocara adelante el mensajero con 50 depósitos.

Luego la cola se transformó en una sola cola la cual te repartía hacia cada cajero. Había llegado la justicia social a la cola del banco y la cosa comenzó a funcionar.

Pero un día, contrario a las políticas nacionales, vigentes en ese momento, llegó la ¡Centralización!.

Dios mío, vaya despliegue de tecnología, al fin aterrizábamos en el siglo XXI, la máquina inteligente se ponía al servicio del ser humano, el final de la cola, el cerebro cibernético en su infinita sabiduría tomaba las prioridades, las repartía equitativamente logrando la tan deseada agilidad bancaria...

Ingenuos... no contaban con nuestro mejor recurso contra el progreso... el Ser Humano... alias "El Cajero"... sin hablar del técnico que programa el punto.

Pensar que estoy metido en el fatídico banco porque tengo que cambiar un cheque con urgencia. Yendo a la oficina, uno de los tantos huecos de la vía me reventó el caucho y en la cauchera ni aceptan cheque ni "hay línea"... como para invadir a los gringos en este momento puej!

Y en esta vorágine de recuerdos, evoco aquellas luchas de los gobiernos locales para tener control de los servicios propios de la zona... que espectacular idea me resultó en ese momento.

Recuerdo, cómo al molestarme por el bendito hueco en el pavimento, me dirigía a mi alcalde y le exigía acciones concretas para solucionar mis problemas... la cosa se arreglaba facilita... ¡A voto limpio! Alcalde o Gobernador que no servía... ¡Pa´ fuera! ¡A mí no me engaña dos veces un vecino!

Debo reconocer que el cambio fue bueno, lo que faltaba era afinar los elementos de contraloría destinados a que el poder central no permitiera el desvío de recursos de presupuestos regionales, los cuales afectarían al desarrollo de dichas zonas.

El pueblo, los vecinos, ejercían su poder ciudadano y exigían a sus alcaldes, concejos y gobernadores, acciones concretas a problemas concretos de la urbanización y hasta del estado. Exigíamos el balance, las cuentas y pudimos ver y sentir el cambio.

Ahora luchábamos por el bien de NUESTRO vecindario.

Pero mijo... Como que a alguien se le ocurrió que lo que era bueno para el banco, era bueno para el gobierno y volvió la centralización... con exactamente el mismo problema del banco; en lugar de Cajeros, ahora tenemos Gobernadores y alcaldes en espera de que le toque a su taquilla atender a un cliente y ni hablar del tipo que programa el sistema, "Encumbrado" en las políticas Internacionales y una Campaña eterna, pero convencido de que **SU** sistema, es el mejor del mundo. Después de todo, un vidrio de "personeros" se encarga de separar al cliente (pueblo) del Gerente (Presidente).

Antiguamente el Hueco de la vía de mi Urbanización, era la tarea 58 de mi alcaldía, ahora se convirtió en el problema 51.800 de la NACIÓN… el hospital también está en fila… y la educación… y la seguridad…etc…etc…

De paso, la mesada la paga solo "Papá Presidente".

Y si no haces lo que dice "Papi" ¡ESTÁS castigado o castigada!… basta con mirar las vías de los niños de papi y como están la de los bastarditos de la oposición, ENTRE OTRAS TANTAS COSAS.

Cuán lejos se me puso a quien quejarme… y de paso… también debo agarrar un número para que el dueño del circo atienda mis demandas, pero es que hay demasiados números repartidos y la atención al cliente está como leeeentaaaa…

Señores del Banco… una sola cola y muchos cajeros… Señores del gobierno… exactamente lo mismo… después de todo…

Lo que es bueno Pa´ la Pava… es bueno pa'l Pavo!

Publicado el 20 de Septiembre del 2011 por Reinaldo Poleo
http://unaaventurallamadavida.blogspot.com/2011/09/de-bancos-colas-y-pavos.html

10 … ¡Y MATARON A CÉSAR!

Amanece el Miércoles Santo del 2012, por decisión unánime nos quedamos en casa, ya hay suficientes locos en la calle, así que está bien que éste par permanezca fuera de circulación.

Hoy será día de oficio en casa, de hacerle un cariñito al carro y de ir a visitar al Nazareno en la iglesia cercana…

A las 8 a.m., 2 llamadas entran a mi celular, casi simultánea, una tía y casualmente un amigo, ambos de Valencia, Estado Carabobo.

¿Casualidad?

Alarmado, llamo a la tía de mi esposa… (porquémellamaamíporquénolallamódirectactamentepasariaalgoyquierenque yoselodiga)... "¡Lo siento loco, me equivoqué!", "Adiós puej, con la bendición".

Respondo la segunda llamada... "Epa Gordo, ¿y ésa sorpresa?", pregunté alegremente.

"Hermano, te tengo una mala noticia", me dijo con voz ronca.

"Anoche hubo un atraco… y *Mataron a César*..."

Debo confesar que lo siguiente que recuerdo es la voz del gordo sonando como la maestra de Charlie Brown, el de Snoopy…

A mi mente se arremolinaron recuerdos que caían cual deslave implacable, tratando de sepultar la terrible realidad…

El tiempo que trabajamos juntos, el compañero de farras, sus bellas hijas, las aventuras en Aruba, reuniones con clientes; Gladys, su bella y querida segunda oportunidad, la lucha para levantarse de un terrible ataque cardíaco, su magnífico buen humor, el amigo, el reencuentro de amigos que siempre dejamos para después…

Todo eso quedó atrás a las 8 de la noche de un Martes Santo, día en el cual Jesús descubre a los traidores, según la celebración cristiana.

César le dijo NO a un traidor a nuestra Sociedad, le dijo NO a un Malandro…

Dicen que se resistió al atraco, pero es que es tan fácil aconsejar entregarlo todo. ¿Cómo le explicas al corazón que entregues el anillo que te une a tu fabulosa esposa, al carro que tantos sacrificios te costó y en el que planeas salir mañana? ¿Cómo razonas con los sentimientos que te unen al collar que te regaló tu abuelo difunto, tan cargado de recuerdos? ¿Cómo en fracciones de segundos la razón le explica a la emoción que, son sólo cosas materiales?

En la acera quedó tendido un cuerpo más, una vida de trabajo, un esposo, un padre, un amigo…

Y en fin, **MATARON A CÉSAR**, comenzando Abril, comenzando el Rosario de víctimas que sólo serán números, estadísticas al final de mes.

En la acera quedaron los derechos humanos de un hombre valioso, de una familia, de un país…

¡Carajo! ¡Cómo me duele!

NOS ESTÁN MATANDO COMO BORREGOS EN EL MATADERO QUE SE LLAMA VENEZUELA!

¡Están matando al pueblo que prometiste defender! ¡Nos ESTÁN MATANDO los niños que NO sacaste de las calles!!! ¡Nos ESTÁN MATANDO las armas que compraste, la revolución que armaste!!!

¡No creo en el desarme, Malandro no usa porte de arma, Pendejo!

¡Métete en los Barrios a buscar las armas, métete en el 23 DE ENERO!

¡DETÉN A LAS HORDAS DE MOTORIZADOS QUE BAÑAN DE SANGRE A VENEZUELA!!!

De pana, TU Cáncer no me importa, mi cuñada lucha con SU Cáncer en los hospitales públicos, que por cierto, también son responsabilidad tuya y no hay VTV que aparezca, cuando la devuelven porque el aparato de Radioterapia está dañado, ella no se encadena cada vez que va a la Quimioterapia.

De Pana, no puedo pensar en los derechos de los que Roban los derechos ajenos.

Ayer fue César, mañana Pedro, pasado Juan…

Para nosotros, sólo una llamada, una voz, una frase, una lágrima y un recuerdo…

Y MATARON A CÉSAR…

En memoria de mi amigo CÉSAR BARRIOS, asesinado en la ciudad de Valencia el 3 de Abril del 2012.

Publicado el 4 de Abril del 2012 por Reinaldo Poleo
http://unaaventurallamadavida.blogspot.com/2012/04/y-mataron-cesar.html

11 MI HÉROE, MADE IN VENEZUELA

En los actuales momentos oscuros, que enmarcan la cotidianidad de nuestra nación, es fácil escuchar consignas, lemas o frases, dirigidas a brindar esperanza a los que por una u otra razón, sentimos afectados nuestros derechos elementales.

Lamentablemente del "Decir" al "Vivir" hay un abismo, la mayoría de las veces, insalvable... Pero hay uno que recuerdo cada día... "Caer está permitido, levantarse es Obligatorio!"

Siempre recordaré la primera vez que te vi. No eras más que un piojito saltarín de apenas 5 años. Lo siento, no venía por ti, sino por tu hermana, pero al entrar en tu territorio, fue difícil no ser atropellado por tu protagonismo. No faltó mucho tiempo para que te empeñaras en querer vivir "Sobre" mi cabeza a un metro ochenta y cinco del resto de la humanidad.

Dios... Parecía que habías consumido toda la azúcar del mundo.

Terrible día aquel, en el cual hice desaparecer un bolívar y reaparecerlo en tu oreja... Luego pasé como 5 años haciendo el bendito acto de magia.

No lo puedo negar, te abriste paso en mi alma a Golpe y Porrazo, hasta lograr instalarte en uno de los mejores lugares del condominio de mi corazón.

Aún me parece que fue ayer cuando decidiste seguir la tradición familiar, después de 2 hermanas Gimnastas, parecía obvia tu elección y seguir su ejemplo, así comenzó tu gran aventura, apenas tenías 6 años de edad...

Cuanto esfuerzo, cuanto sacrificio, nadie sabe de qué están hechos los héroes, sí no han tenido la oportunidad de verles nacer.

5 años de buenas notas y entrega a tu entrenamiento en el Club Arcoíris de Carabobo, semillero de atletas y ciudadanos, valieron tu mención al proyecto de construcción de atletas en el Teo Capriles en Caracas.

Recuerdo aquella presentación ante los Rumanos y el orgullo que sentí ante tu preciosa actuación, y cuando nos encaminamos al carro (montada en mi cabeza, para variar), el Rumano sentenció... "Si él es el padre, no entra en el proyecto". Se refería por supuesto a mi estatura.

Debo reconocer que dejar a una niña de 11 años de edad, en manos de un sueño no es fácil, a pesar de mis manifestaciones de desacuerdo, la niña logró entrar al proyecto y dejó su hogar a tan tierna edad para vivir una vida de estudios y entrenamiento en Caracas, con tu familia en el interior, al igual que tantas otras atletas de todo el país.

Comenzaron las competencias, las lesiones, tus estudios, los viajes... Sin glamour... Más gimnasios que lugares históricos... Mañanas y tardes... Un poco más...

Campamentos en Cuba, España, Rumania, Rusia y Colombia te prepararon para tu salto a las duras competencias internacionales; 2005 Armenia, Colombia; 2006 en Aarhus, Dinamarca; 2007 en Stuttgart, Alemania; 2007 en Rio de Janeiro Brasil, con el famoso esguince en apenas entrenamientos; 2008, año de olimpiadas, te llenó de tristeza porque no hubo recursos para competir en el exterior; luego vino el 2010 con el fatídico Rotterdam, Holanda, uno de los Juegos más accidentados de los que tengo memoria, y el terrible rompimiento de tu tendón de Aquiles (http://www.youtube.com/watch?v=NZCUoBFlCDA), que bueno que contamos con excelentes cirujanos deportivos en Venezuela.

Operaciones, terapias...la frustración de ver desaparecer los músculos de tus fuertes piernas mientras continuabas tu exitosa pero muy interrumpida carrera universitaria.

Pero te volviste a levantar, 1 año bastó para que te recuperaras y coronaras con éxito en Tokio 2011, hasta llegar al Clasificatorio Pre Olímpico de Londres 2012 (http://www.youtube.com/watch?v=1ng800ydors&feature=relmfu), en donde te ganaste el derecho a participar en las Olimpiadas de Londres 2012, lamentablemente el único cupo que tenía Venezuela, sería ocupado por la Gimnasta venezolana que entrena y vive en USA, sin menospreciar su trabajo, sus ventajas siempre serán mejores que la de los atletas que entrenan en las deficientes instalaciones del país.

Memorables también, fueron tus presentaciones en los Panamericanos de Guadalajara, México y en los Nacionales de Maracaibo, Estado Zulia, en nuestra bella patria.

No sé cuántas veces te has caído... **¡Pero siempre te has levantado!** Cuántos aprendieron a creer en ti, tu entrenador Piñón que aprendió a quererte como una hija, la profe Silvia, Anaybelis, Himilce y tantos otros...

Los Médicos que te han acompañado en ésta aventura, la genial y siempre fiel Maríafernanda, Benchimol y los Cirujanos venezolanos de pura cepa que te han sabido reparar exitosamente...

Como Olvidar a FUNDADEPORTES, que ha sabido cuidar de ti y por qué no, al mismo Ministerio que siempre cuenta con gente que trabaja más con mística que con recursos.

Gente admirable que hoy no te pueden acompañar, pero que te cuidan en el cielo, como el buen amigo y profesor David...

En este momento se me hace presente tu discusión, machacando el Inglés con un pedante empleado del aeropuerto en Austria, el cual evitó que llegaras, esa tarde del Jueves pasado 26 de Abril del 2012, porque te enviaron a una competencia en Croacia sin contar con los recursos completos, ni con la información correcta (necesitabas una Visa para entrar en Belgrado, Serbia), teniendo que devolverte a Venezuela en un maratónico viaje digno de Odiseo.

Hoy 30 de Abril del 2012, cumples 24 años, tu elección fue buena, amaneces elegida para las Olimpiadas de Londres 2012, es cierto, tal vez no nos representes porque una venezolana con mérito y entrenada en USA sea la mejor opción... Pero ante Dios y los hombres sabemos que ¡TE HAS CAÍDO Y TE HAS LEVANTADO!

Hoy con orgullo puedo decir... IVET ROJAS GALEAN... ¡ERES MI HÉROE!!!

Publicado el 5 de Mayo del 2012 por Reinaldo Poleo
http://unaaventurallamadavida.blogspot.com/2012/05/mi-heroe-made-in-venezuela.html

12 "LOS OTROS"

Aún recuerdo el lívido rostro de una Nicole Kidman ocupada en proteger a sus niños hipersensibles a la luz solar, en una oscura casa llena de visiones y sonidos del más allá.

Esto ocurría en el año 2007 en la cinta de suspenso The Others.

Especialmente recuerdo, el estridente grito de mi esposa al ver el rostro de la anciana médium, reflejado en la cara de la hija de Nicole, al ésta, arrancar la frazada que cubría la totalidad de la niña.

Al final de la película, resulta que "Los Otros" que la perseguían en la película, era la gente que vivía en esa casa y que era acosada por los fantasmas de un traumático ayer… Nicole y sus hijos eran, para ellos, "Los Otros"… Confuso verdad?

Y con la misma cara que ustedes tienen, me quedé yo en la madrugada de hoy, mientras me dirigía a mi oficina, al ver a un policía de tránsito, casi atropellar con su motocicleta, a un transeúnte mientras el primero se "comía" la luz roja, el segundo cruzaba la vía justo debajo de la pasarela… Aún no pasaba el susto, cuando el policía señalaba al transeúnte la pasarela mientras se alejaba raudo y veloz y a su vez el peatón enardecido lanzaba improperios, en medio de la vía, mientras señalaba el semáforo aún carmesí.

En ese "Epifánico momento", mientras me sumía en un místico éxtasis, ante la revelación de uno de los secretos de la vida, solo la insistente corneta del vehículo de atrás evitó que siguiera asomado en la fuente del conocimiento infinito e universal, ya que le apremiaba que YO me comiera la luz.

Los venezolanos amanecemos, todos los días de nuestras vidas, con la amenaza de "Los Otros" sobre nuestras cabezas, en ningún lugar estamos a salvo, desde el momento que abrimos la llave del agua y no hay porque "Los Otros" desperdician el vital líquido, también se consumen la pasta de dientes y se consumieron el pan y el café que no compraron.

28

Inmediatamente salgo a la calle veo el muro con un nuevo Grafiti, evidentemente pintado por los hijos de "Los Otros", los mismos que mal influenciaron a mi pobre hijo cuando tuve que acudir a la Policía Municipal, por haber sido atrapado in fraganti pintando un muro con una lata de pintura, la cual, "Los Otros" colocaron en sus manos y obligaron a usar.

Basta ver como los Salvajes hijos de Los Otros, embisten a mi muchacho con sus carros arreglados mientras mi muchacho lo "pone bonito" por seguridad.

Me recuerda que cuando pequeño "Los Otros" mal criaban sus muchachos amorales y falta de respeto, mientras nosotros criábamos al nuestro con un alto sentido de la libertad y fomentando sus individualidades. Amanezco molesto porque "Los Otros" celebraron un cumpleaños hasta tarde; tan diferente a nosotros que ponemos la música a volumen moderado y celebramos en silencio,... encima se quejan.

Y ahora lo peor, mi automóvil trancado por el otro vecino… canalla inconsciente que osó atravesar su vehículo atrapando al mío, solo porque me vi en la obligación de usar su puesto cuando "Los Otros" usaron el mío… ¡Que falta de espíritu vecinal!.

Ya incorporado al tráfico, me veo obligado a saltarme varios semáforos, porque de lo contrario, ¡"Los Otros" me van a pasar por encima!. En la autopista no puedo ir por la vía rápida, los otros no se quieren apartar y por la lenta los camioneros me obligan a ir por el hombrillo, porque quieren ir a 100 por la vía de 60 y yo no puedo ir a 120 por la vía de 80 porque los otros quieren ir a 100. ¡"Los Otros" conducen muy mal!.

Ya en la Oficina, "Los Otros" me acosan, unos llegan temprano y me acusan por llegar tarde (cosa que ha sido culpa de "Los Otros") y para qué llegar tan temprano si "Los Otros" llegan más tarde que yo e impiden que realice mi trabajo.

Mientras "Los Otros" desayunan a horas laborales, yo sólo tomo un tentempié. Se instalan en los baños mientras tengo una urgencia y siempre me veo obligado a cerrar antes de la hora, porque de lo contrario no conseguiré un lugar en el comedor.

Por conspiración de "Los Otros", no puedo alistarme antes de la hora de la oficina y es que ocupan todos los baños.

Un trámite público es un suplicio ante la corrupción y el maltrato. "Los Otros" se confabulan para no realizar ningún trámite si no pagas, yo pago porque de lo contrario no se hace el trámite, pero bueno, ellos son corruptos, yo no lo soy aunque pague.

"Los Otros" te tratan mal, han olvidado lo que es servicio al público, asistencia al cliente. Y luego se molestan cuando uno les trata mal para que aprendan lo que se siente.

"Los Otros" dominan el escenario político, social, cultural y militar del país. "Los Otros" son los que votan por los presidentes fracasados, apoyan gobernadores inútiles y alcaldes corruptos.

"Los Otros ocupan las juntas de condominio, las juntas escolares y los consejos comunales y vecinales. "Los Otros" no hacen la oposición adecuada, no reclaman por nuestros derechos ni luchan por los valores de Paz, Justicia y Libertad que nos merecemos.

Es difícil vivir en una sociedad dominada por "Los Otros"... peor aún, tengo amigos que han escapado de este país tercermundista para encontrarse con la amarga realidad que otras latitudes, también están dominada por "Los Otros".

Debería organizar una marcha para protestar contra "Los Otros"... seguramente ¡TODOS SALDRÍAN A LA CALLE A LEVANTAR SU VOZ CONTRA ELLOS!!!

O mejor NO... seguro que se nos llena la marcha de "Los Otros".

¿Qué sería de nosotros sin Los Otros???

¿Qué sería de Venezuela, si acabamos con "Los Otros" y nos convertimos en *NOSOTROS*???

"No te preguntes qué puede hacer tu país por ti, pregúntate qué puedes hacer tú por tú país."

John F. Kennedy

Publicado el 25 de Junio del 2012 por Reinaldo Poleo
http://unaaventurallamadavida.blogspot.com/2012/06/otros.htm

13 ¡DE PIE SIEMPRE… DE RODILLAS JAMÁS!!!

Más preguntas que respuestas… El insomnio destructor, sólo deja dudas ante la vorágine de pensamientos que giran, cual tornado en tierras de Kansas.

¿Qué pasó?.¿ Acaso no fueron reales las gigantescas manifestaciones que acudían a apoyar el cambio?

¿Acaso no fueron evidentes los fracasos de un gobierno gastado y sin discurso, con suficientes recursos para aglutinar partidarios, con memorandos obligatorios a los empleados públicos, los cuales forman parte del gigantesco aparato gubernamental, con amenazas o recompensas?

¿Acaso no fue real la deprimente manifestación de cierre en la marcha más grande que en autobuses se pudo traer?

Trato de poner en orden mis ideas y me consigo que tengo más dudas que respuestas, y esto no calla esta extraña sensación de haber encontrado una mosca en mi sopa…. Por mucho que necesariamente cambien la sopa, no puedo dejar de sentir que es la misma sopa.

¿Cómo puedo confiar en un resultado ante tanta telaraña?.

Es una realidad que en Venezuela, aeropuertos y muelles, así como el servicio de identificación y extranjería están en manos del gobierno cubano… No hace falta ser un genio graduado de espía, para escuchar el acentico sonando alrededor, y me pregunto… ¿Somos todos los que somos? ¿Estamos todos los que somos?.

¿Es necesario que un gobierno conocedor de las tendencias, por los múltiples sistemas de evaluación estadísticos, característicos de estos procesos electorales, tuviese la necesidad de empañar una aplastante y definitiva victoria, con bloqueos a páginas de Internet, de tendencia opositora, con un hackeo de cuentas de Twitter y Facebook simultáneo y rápido, poco tiempo antes de comenzar a transmitir resultados al árbitro electoral?

Evidentemente el juego del hackeo de meses anteriores, fue sólo un ejercicio para el día de ayer, hacía tiempo preparaban su acto. Desmontaje de tarimas, tanquetas en las calles, bandas de motorizados armados recorriendo las calles de las principales ciudades del país... La observación internacional limitada a tan sólo los buenos amigos de UNASUR...

NO... No creo que esto pueda ser mostrado como una limpia victoria oficialista... Un rápido reconocimiento opositor y revivir cifras, posturas y tesis de hace 6 años... me parece la repetición de una receta.

Definitivamente, algo no me cuadra en esta ecuación... Ni a los millones de Venezolanos que NO llenaron las calles del país en una gran celebración de júbilo.

¡Venezolano no pela un bonche!

Sin embargo, amanecemos en una Venezuela silenciosa, trasnochada, insomne y triste.

Algo malo está pasando...

Al final de la madrugada, el torbellino mental va cesando dejando al descubierto los huesos desnudos de mis pensamientos, la fría brisa de la madrugada barre las cenizas de la pasión calcinada, dejándome sólo 3 huesos limpios...

¿Qué somos?, ¿En qué nos hemos convertido?.

El Papa Juan Pablo II decía que la mayor virtud del diablo era convencernos de que no era una entidad física, sino más bien una idea, una intención, una manifestación apenas, de nuestros más oscuros deseos.

El primer hueso: ¿Y qué tal si esta pintura de Democracia no es más que eso?... Una bebida láctea (que no es leche) un refresco sabor a fruta (que no es jugo de frutas) o un bistec de soja (que no es carne de res). ¿Voto es democracia? ¿Cuándo el contendor es juez y parte se puede confiar en el organismo electoral?.

¿Cuándo los poderes apuestan públicamente al candidato oficialista, realizan campaña y a la vez son empleados bien pagados que gozan de evidente impunidad... Podemos hablar de democracia?.

¿Cuándo el oficialismo se declara armado y dispuesto a defender su revolución, cuando públicamente declara que la permanencia de la revolución está por encima de la seguridad, alimentación y demás beneficios del pueblo?. Cuando en medio de una votación, declara que "Bloquear a una Revolución pacífica dará paso a la Revolución Violenta"... ¿Podemos hablar de democracia?.

¿A qué juega la oposición?

Jugar a papá y mamá no es tener una familia...

Jugar al médico no salva vidas...

Jugar a la democracia no abre caminos de libertad.

¿Qué podemos esperar?, ¿Que continúe el saqueo, el cual al final, es el día a día, hasta que las circunstancias lo permitan?.

Hasta que un "teniente coronel" esté inspirado y consiga su propio Samán...

¿O hasta que las conciencias pesen más que los dólares y agrieten la solidez del miedo bien pagado; o que se despierten las conciencias de la masa y noten que las migajas del socialismo no son suficientes para saciar su hambre y resucitar sus hijos?.

Las sociedades son frágiles pañuelos sobre el agua... Poco a poco se impregnan de agua hasta que saturado se hunde.

El segundo hueso: Existe otra posibilidad, simplemente de que sea cierto, que hay más personas convencidas de las bondades de este gobierno. Pero... ¿En dónde están???

Y el tercer hueso, es el de la amenaza con el baño de sangre y una oposición que acepta el sacrificio en pro de la vida... Lo cual me llevaría a pensar en qué es peor... ¿Una larga agonía antes que una rápida muerte gloriosa?.

Hoy abrazo a mi esposa deprimida y con la esperanza mutilada, hablé con mi madre desesperada y abracé a mi padre que piensa que a su edad no volverá a ver un día de alegría colectiva, de progreso, de prosperidad.

Pero me niego a ser un rehén del régimen, un lacayo del pensamientos único... Y con este escrito...

"Juro delante de Usted; juro por el Dios de mis Padres; Juro por ellos; juro por mi honor y juro por mi Patria, que no daré descanso a mi brazo, ni reposo a mi alma, hasta que haya roto las cadenas que nos oprimen por voluntad del poder Usurpador".

¡Más vale morir de pie y luchando, que de rodillas berreando!!!

Publicado el 8 de Octubre del 2012 por Reinaldo Poleo
http://unaaventurallamadavida.blogspot.com/2012/10/de-pie-siempre-de-rodillas-jamas.html

14 LORD MONOPOLYZUELANO

Definitivamente, debo reconocer que siempre fui fanático de los juegos de mesa.

Por mi casa desfilaron juegos como Life, Clue, Ajedrez, Damas Chinas, Risk, Stratego, Scrable, Subasta, Batalla Naval… uno de Beisbol criollo que me parecía genial con las fotos de nuestros grandes jugadores de la época y el Rey indiscutible de todos… **¡Monopolio!** (en todas sus versiones).

Debo decir que como hermano mayor y un gran lector, incluyendo instrucciones, (además de un gran intérprete de las mismas y hasta en 2 idiomas), siempre sería el director de esta comparsa de juegos y debo reconocerlo… casualmente el gran ganador de las justas.

Además de ser el Gran Conocedor de la Ley, siempre exigí ser El Banco y de paso estaba dotado de una innata capacidad de conocer a mis contrincantes, una gran vena histriónica y una disposición eterna de jugar.

Pocas veces recuerdo haber perdido…

En algunas ocasiones, cuando las cosas con mis hermanos se ponían muy tensas, cedía algunas partidas, aunque me tuviera que calar sus gritos de triunfo, enloquecidos ante la derrota de tan formidable contrincante… o sea… YO…

En otras ocasiones, me retiraba antes de perder o más bien, ceder debido a mis múltiples ocupaciones (a los 12,13 años) o daba mi famosa patada a la mesa ante mis denuncias de **FRAUDE** (o como le decíamos antes, "Trampa"), ante los gritos, llantos y molestias de mis queridos hermanos que negaban dichas afirmaciones, con la vehemencia lógica de los que tienen razón. Claro está, no duraban mucho, yo era el único conocedor del juego y el único que siempre quería jugar.

Debido a que dudo mucho que mis hermanos tengan ahora, el tiempo suficiente para jugar alguno de los juegos que aún conservo cuidadosamente (embalados y protegidos por mi esposa), hoy voy a revelar mis mejores estrategias del juego:

1. **El Árbitro**. Definitivamente, ser el único que lee las instrucciones y en algunos casos hasta traductor e intérprete de las mismas, me otorgaba una enorme ventaja. Sería difícil llevarme la contraria y podía cambiar el juego como y cuando yo quisiera, después de todo, siempre dudé, y muy acertadamente por largo tiempo, que se tomaran la molestia de leer las instrucciones. De igual forma no era muy inteligente llevarme la contraria… si querías jugar…

2. **El Banco**. Ser el banco definitivamente me daba una gran capacidad de flujo de caja, debo reconocer que en cierto sentido era "Honesto"… ya que mis frecuentes retiros o "préstamos sin intereses", casi siempre eran devueltos en mis momentos de riqueza (muy frecuentes, por cierto). Siempre recordaré las benditas acciones amarillas de $150 cada casa… O la Av. Pensilvania… o las verdes… costosas pero buenas. En fin… lo mejor era negar créditos a terceros porque no trabajan en el banco… No había salvamento de economías en picada y yo hacía mejores ofertas por las acciones que el mismo Banco…que también era yo…

3. **Sala Situacional**. Jugar conmigo era jugar con un gran conocedor del contrincante… mi hermano mediano adoraba las acciones verdes y amarillas… mi plan siempre era simple… adquirirlas al costo que fuera… más adelante, mi hermano pagaría lo que fuera por ellas. Mi hermano menor estaba convencido que las azules lo valían todo, después de todo pagaban el alquiler más alto. Sin embargo, yo veía que era difícil caer en ellas. Después de todo, ganar poco en muchas, me representaba una ventaja definitiva en el largo plazo. Siempre jugué al desgaste, era grato verles perder lentamente sus acciones ahogados en deudas y con un único comprador, por encima del banco… YO

4. **El Gran Actor**. Definitivamente la suerte es una cosa seria y la muy canalla tenía esos raros destellos en los cuales superaba mis "estrategias", atentando contra mis acostumbrados triunfos. Cualquier ligera provocación era una muy buena excusa para un escándalo de dimensiones descomunales, golpe de mesa, un grito de trampa (aunque sabía que no existía trampa alguna), pero ¡NO estaba dispuesto a perder!. Luego venían los gritos… ¡Los llamados a mi mamá!!! TU FUISTEEEEE….NOOO TUUUUUU… NO JUEGO MAS CONTIGOOOO … NO LES VOY A DEJAR JUGAR MAAAAS… VOY A BOTAR EL BENDITO JUEGOOOO… ETC… ETC… A los días…

REINALDO A. POLEO P.

Hermanito... ¿Jugamos Monopolio? Y yo con voz condescendiente, magnánimo y siempre dispuesto al sacrificio, aceptaba. -Si hermanito, pero prométeme que no se repetirá lo que hiciste la última vez; A lo que siempre respondía mi hermanito..."Te lo prometo"...

5. **Siempre Dispuesto**. Lo más importante, Yo siempre estaba dispuesto... Cualquier Juego, cualquier hora, cualquier terreno... Siempre podían venir que yo jugaría... con mis reglas, pero siempre dispuesto.

Debo reconocer que fueron muchos años invictos.

Cuando mi hermano menor se unió al juego, también sufrió la humillación y la pérdida constante, ante su todo poderoso hermano mayor. Ahí aprendí a negociar con mi hermano, el mediano, para aplastar al pequeño... ya mi avaricia y amor al poder cegaban mi capacidad de divertirme, quería más. ¡Pero el pequeño era un gritón! Y las intervenciones de mi mamá eran cada vez más frecuentes.

Más temprano que tarde, mi mamá le exigió a mi hermano a que también leyera las instrucciones... y aunque flojo, las leyó... el Banco comenzó a rotar de manos... mis rabietas perdían sentido porque ahora se podían quedar ellos dos jugando solos aunque yo me fuera...

Un día quise jugar... y me dejaron jugar...seguí las reglas... era fácil, yo me las sabía. No fui el banco, pero no podían hacer trampas, después de todo me las sabía todas... Ese día perdí...

Pasaron los días, seguimos jugando y aprendí a jugar siguiendo las reglas, era eso o no jugábamos, a veces perdía, a veces ganaba, pero definitivamente fue más divertido.

Nunca dejé de Jugar, lo que aprendí fue a jugar bien.

Nadie dice que la Democracia sea un Juego, nadie dice que la Democracia sea fácil, pero de lo que estoy seguro es que la Democracia, al igual que la Vida y el Monopolio, es de los que saben jugar con las reglas del juego. O aprendemos o perdemos.

A mis hermanos Perdón por los malos momentos... Pero al final nos divertimos muchísimo, ¿Verdad?

Gracias Mamá... por enseñarme a Jugar y nunca dejar de hacerlo.

Gracias por dejarme en claro que abandonar el juego no me permitía ganar, gracias a enseñarme que no son las reglas, son las estrategias y el tiempo... ¡Lo que aprendí es para toda la vida!

Post Data... Me comprometo a aprender las reglas, me comprometo a Jugar y me comprometo a ¡**VOTAR**!

#He Dicho

Publicado el 26 de Octubre del 2012 por Reinaldo Poleo

36

http://unaaventurallamadavida.blogspot.com/2012/10/lord-monopolyzuelano.html

15 CARA E' LOCO

En la Urbanización Simón Bolívar de Los Teques, Estado Miranda, convive una gran cantidad de fauna "realenga"... mucha de ella en cuatro patas. Es impresionante como las comunidades llegan a integrarse e identificarse con sus "Mascotas Comunitarias" y más interesante son esos personajes que destacan, convirtiéndose en iconos de la comunidad.

Ese es el caso de Cara e' Loco... Un vagabundo alto, con aire de perro inglés, desgarbado y de tono amarillento, cuyas patas traseras se ven coronadas por una frondosa y despeinada cola peluda con apariencia de escobillón reusado.

El Carácter afable y animoso de este can, le ha permitido ganarse un sitial de honor entre adultos y niños de la zona, muchos dicen que es guardián de alguno que otro borrachito cuando trata de volver, dando tumbos, a su hogar.

Siempre recuerdo el día en el que lo conocí, mi esposa y yo nos declaramos amigos y amantes de toda especie que colma este planeta (aunque tenemos nuestras dudas con la "humana") pero un perro, nos encanta (de hecho tenemos 3, de las cuales 2 son recogiditas).

Para hacer el cuento corto, nos encontrábamos visitando a unos queridos amigos, cuando con trote de caballito se nos acercó el susodicho.

Mi esposa fue la primera en acercarse y fue cuando nos participaron que era Él... ¡El legendario Cara e' Loco!

En la medida que le saludaba con palmadas en la cabeza y rascadas detrás de la oreja, su emoción seguía en aumento y su frondosa cola comenzaba a moverse con mucha más fuerza.

Un Salto repentino... dientes afilados detrás de un gruñido... un estruendoso ladrido... rompieron el mágico y cariñoso momento... el grito asustado de mi esposa ante lo que parecía un inminente ataque, el lomo erizado del fiero animal y sus ojos desorbitados me hicieron apartar violentamente a mi esposa del frenético can.

Sin embargo, su furia no estaba dirigida a mi esposa, ni a ninguno de los presentes… sino hacia su peor enemigo…**SU COLA**… dando vueltas frenéticamente, atacaba sin poder alcanzar a su Némesis…su eterno rival que siempre le atacaba en los momentos menos esperados y más felices… corría y corría dando vueltas, hasta caer agotado de tanto frenesí.

Callados y anonadados veíamos al pobre perro, recostado y jadeante, mientras nuestra querida amiga Milagros, nos explicaba que esa era la razón por la cual le llamaban Cara e' Loco… el tipo odiaba a su cola…

Nos movimos para alejarnos y él recordó el placentero momento anterior cerrándonos el paso para obtener una caricia… no llegamos ni a tocarle cuando el pobre can volvió a ser "atacado" por su temible enemigo…

Ahí dejamos a nuestra querida amiga, en el estacionamiento, despidiéndose con la mano, mientras por el retrovisor veíamos a su lado, a Cara e' Loco girar incesantemente para atrapar a tan odiado apéndice…

Quitarme esta visión de locura canina no es fácil, y menos cuando cada día veo más de Cara e' Loco en nuestra sociedad.

El día de hoy amanece con "Encuestadores", los cuales hablan de que hay una gran probabilidad de que el gobierno recupere muchos de los "Estados" perdidos en elecciones pasadas, mientras la gente se debate entre votar y no votar.

Voté pero no ganó mi opción así que no vuelvo a votar… pero si no voto es seguro que pierdo y después nos dirán que debimos votar…

El asunto es que, las condiciones electorales no son las más idóneas, pero si pedimos que las cambien nos dicen que NO… y si no te gustan, no participes ni vayas a votar… pero si no votas no te quejes… pero para qué votar, si no vas a ganar… entonces no voto… pero si no votas no te quejes, porque dejaste los espacios abiertos… entonces voy a votar, aunque sepa que no gano, porque las condiciones no son las idóneas…

Voy a denunciar fraude a la entidad que organiza el fraude… pero es que me dicen que no hubo un fraude… porque reconocer que hubo un fraude es reconocer que permitieron que se dieran unas elecciones sin las condiciones idóneas… pero teníamos que aceptar, así que no hubo fraude…

Unos dicen que no vayan a votar hasta que las condiciones sean las idóneas, pero nadie expone un plan concreto de lo idóneo… volvamos al voto manual… claro está que no tenemos el 100% de los testigos y el voto manual es manejado por las fuerzas del estado, el cual es juez y parte en la elección… por lo tanto no tengo garantía de que la caja que salió sea la que llega, así que no voy a votar…pero mejor voto…

Que este gobierno no sale con voto… y eso lo decimos tomándonos un tecito con el teléfono en la mano en nuestro rictus "twitterencis", arropaditos, mientras exhortamos a nuestros líderes a que salgan a ganar la democracia, tan necesaria para que nos podamos tomar el tecito sin angustias…

¡EN DONDE ESTA LA MUUUUUUD…!.- increpamos.

Si no salen a ganar un país tendremos que esperar a otro grupo de líderes que le pongan otro nombre… Mesa Democrática listo… MUD, listo, etc. etc.

YA SE! Que la próxima instancia se llame…¡LOS VENGADORES!!!

Así sí voy a votar… o no… o sí… o no…

Les propongo algo, inundemos las juntas de condominio, las juntas comunales, los partidos políticos con nuestra presencia y nuestras ideas. Participemos y hagamos oír nuestras voces… participemos o callemos… actuemos o caemos… ¡El futuro está en juego!

¡O hasta el 2051!!!.

Y nosotros… tratando de mordernos la Cola…

¡Definitivamente… somos un país de CARA E' LOCOS!!!

Por cierto y que no quede duda.... **¡YO VOY A VOTAR!!!**

Publicado el 5 de Noviembre del 2012 por Reinaldo Poleo
http://unaaventurallamadavida.blogspot.com/2012/11/care-loco.html

16 LOS HÉROES DEL VUELO 93

"Después de que Al Qaeda decidiera atacar a EE UU con aviones comerciales, sólo una cosa funcionó en la defensa del país. Según la comisión de investigación sobre el 11-S, no fue el FBI, la CIA, el control aéreo o las Fuerzas Armadas. No fue el Consejo Nacional de Seguridad, ni el Departamento de Defensa. Ni el Departamento de Estado, ni el control de fronteras. Ni el Congreso, ni la Casa Blanca.

Sólo un pequeño grupo de civiles, que ni siquiera se conocían entre sí y que no habían celebrado reuniones, ni recibido reglamentos, uniformes o fuerza de choque, lograron, comunicando por teléfonos móviles con sus familiares que veían la televisión, entender a tiempo, qué estaba pasando y evitar otro ataque contra Washington. Algunos valientes pasajeros del vuelo United Airlines 93 forzaron a los secuestradores a estrellar el avión en un campo de Pensilvania, lejos de su objetivo..."

Así comenzaba el artículo publicado por The Washington Post, un 24 de Julio del 2004, titulado **Los Héroes del Vuelo 93.**

No puedo negar que esta trágica historia de heroísmo, dejó una profunda huella en mí ser. Estaban aún frescas las imágenes de aquel fatídico y cobarde acto, el cual cambió el rumbo de la humanidad, la imagen de los aviones estrellándose contra las imponentes torres del WTC en New York, en aquella mañana del 11 de Septiembre del 2001.

Me encontraba saliendo de una reunión en el Centro Comercial San Ignacio, al Este de Caracas, cuando un mensaje de mi esposa me decía que un avión se había estrellado contra una de las torres... anonadado me acerqué a un comercio de ventas de electrodomésticos y las impresionantes imágenes en vivo eran transmitidas por CNN, cuando de pronto, ante mis propios ojos una segunda nave se estrellaba contra la segunda torre…

Debo reconocer, que mi mente no daba crédito a que lo estaba viendo, por segundos esperé que los aviones del mundo simplemente cayeran ante el misterioso rayo de alguna invasión intergaláctica o estuviésemos a segundos de los devastadores efectos de la Madre de las Tormentas Solares.

No… no pasó mi vida ante mis ojos, así que comencé a dudar de mi teoría de exterminio global.

En la medida que pasaban las horas, una avalancha de noticias invadían todos los medios de prensa del planeta, el ataque al pentágono y la caída del Vuelo 93 en un Campo de Pensilvania a solo 20 minutos de la Casa Blanca… inmediatamente pensé en el por qué dicho avión había caído, sin lograr su objetivo… ¿Sería obra de la casualidad?, ¿Lo habrían bajado los cazas norteamericanos???

Sería mucho tiempo después, cuando me enteré de la historia detrás de la "Misteriosa" caída del Vuelo 93; la tragedia vivida por los familiares en tierra al ser testigos auditivos, de la lucha de sus seres queridos en contra de los terroristas y el fatídico desenlace, en donde el sacrificio de unos pocos, evitó el atentado contra el corazón de la nación norteamericana.

Cuán difícil debe ser tomar una decisión como esa, no dejo de admirar al espíritu humano, con tantas debilidades, con tanto egoísmo y en algunos casos es capaz de sublevarse a su propia miseria y alzarse heroico ante las situaciones más adversas e inclusive mortales.

Ellos sabían que morirían… ya sus familiares les habían informado a través de los teléfonos celulares, el fatal desenlace de los otros vuelos secuestrados, ellos no querían recuperar el control del avión porque simplemente no había piloto, ellos sabían que no tenían posibilidades, pero ellos decidieron que **¡NO SE IRÍAN SIN LUCHAR!!! ¡NO SE IRÍAN EN SILENCIO!!!**

A finales del 2008, se daba un importante suceso en la nueva realidad que viven los venezolanos, la oposición ganaba importantes gobernaciones y alcaldías por la vía electoral, afectando significativamente el control hegemónico del poder central y mandando claras señales del cansancio ciudadano al discurso sin contenido, del proyecto socialista, programado desde Cuba.

Como buen gobierno totalitario y militarista, se puso inmediatamente a funcionar un "Plan B".

Desde la publicación de la Gaceta Oficial número 39.072, en donde el decreto de la Presidencia de la República, Nro. 6.543, establece que todo el sistema de salud del estado Miranda, dependiente de la gobernación, ahora encabezada por Henrique Capriles, debía ser transferida al Ministerio de Salud, es decir, al poder central.

Estamos hablando de 18 centros de salud, muy importantes para el pueblo Mirandino.

Igual sucedería con la Vialidad y se extendería a otras gobernaciones y alcaldías, dando un duro golpe al proceso de descentralización, el cual considero, uno de los logros más importantes de la Democracia.

En Algunos casos, como en la Alcaldía Mayor de Caracas, se creó una "Supra Figura", la cual limitaría significativamente el ámbito de poder del Nuevo y relegido alcalde, Antonio Ledezma, para someterlo al control de una nueva instancia "gobiernera".

En ese preciso momento, comenzamos a vivir el "**Secuestro**" de un país.

Al Estado Carabobo, se le quitó adicionalmente, el control de los Puertos, sometiendo a todos estos estados y a sus respectivos pobladores al férreo control del gobierno central a través de la limosna constitucional, llamada "**Situado Constitucional**", cuya entrega y cálculo está en manos del mismo gobierno central, sin ninguna contraloría imparcial.

Qué casualidad... "Situado" y "Secuestro" comienzan por "S".

Negar o restringir los recursos a gobernaciones y alcaldías opositoras, no es un ataque en contra de personajes políticamente opositores, es un ataque despiadado contra el pueblo, Chavista y Opositor que hace vida en esos estados y municipios.

4 años de descuido han afectado tanto a la vialidad, como al sistema de salud de los estados, más bien, han impedido que se hagan bien las cosas, ya que el gobierno ha demostrado la ineficacia en toda la infraestructura vial y hospitalaria del país; en 4 años, no es que dejaron a las administraciones opositoras abandonadas... fue peor aún, *¡NO dejaron demostrar lo bien que se pueden hacer las cosas!*

Clarita está la intentona de sacar del juego político a un eficiente funcionario, como es Leopoldo López, inhabilitado por la Contraloría General de la República por incurrir en Mala Administración de los Bienes Públicos...

No se pudo comprobar ningún hecho de corrupción, simplemente agarro un dinero, con aprobación de los concejales y acatando los medios y procedimientos estipulados por el gobierno municipal, desnudando el intento del gobierno central de indisponer a empleados de la alcaldía, al no recibir los pagos decretados por el gobierno y no cancelados a la alcaldía.

Básicamente, su error fue utilizar el dinero para la ejecución de una obra pública, para pagar a los trabajadores mientras llegaba el pago para los trabajadores. ¿Cometió el error de anteponer a la gente???

Este despiadado manejo de los recursos del Estado, con un tren de propaganda y diversos tipos de presiones a las alcaldías, así como la constante zozobra en que han sumido a los más pobres y necesitados... "Si no gano las elecciones, no tienes casa"; "Si no gano, pierdes tu casa"; "Si no gano, pierdes tu trabajo"; "Si gano, tienes un bono"; ¡Esto es un abuso contra la necesidad de un pueblo!

¿Hasta cuándo puede un pueblo ser rehén de un estado?.

¿Cuándo comenzaremos a decir, NO?.

A este Avión lo llevan a un destino indigno, plagado por el manejo de los fondos públicos a favor de personeros del gobierno e intereses extranjeros… ¡Unos terroristas tienen este Avión!

El Terrorismo es el uso sistemático del terror, para coaccionar a sociedades o gobiernos, utilizado por una gama de organizaciones políticas en la promoción de sus objetivos, tanto por partidos políticos nacionalistas y no nacionalistas, de derecha como de izquierda, así como también, por corporaciones, grupos religiosos, racistas, colonialistas, independentistas, revolucionarios, conservadores, ecologistas y gobiernos en el poder.

¿Moriremos como borregos dejando una nación empobrecida, endeudada y dividida a nuestras generaciones futuras?

¡O seremos capaces de levantarnos de nuestros asientos y decir BASTA!

¡Yo sé que muy adentro, seguimos siendo El Bravo Pueblo!!!

¡Yo creo en lo que fuimos!

¡Creo en lo que somos!

¡Y Sueño cada día en lo que podamos ser!!!

Y siempre tendré presente aquel pequeño recorte de periódico…

"…Sólo un pequeño grupo de civiles, que ni siquiera se conocían entre sí y que no habían celebrado reuniones, ni recibido reglamentos, uniformes o fuerza de choque, lograron, comunicando por teléfonos móviles con sus familiares que veían la televisión, entender a tiempo, qué estaba pasando y evitar otro ataque contra Washington. Algunos valientes pasajeros del vuelo United Airlines 93 forzaron a los secuestradores a estrellar el avión en un campo de Pensilvania, lejos de su objetivo…"

P.D. Hoy 12 de Noviembre del 2012, Venezuela obtiene un lugar en la Comisión de Derechos Humanos de la ONU… Y en este momento se restringen los recursos de aumentos de salarios y aguinaldos a las gobernaciones opositoras…

¡Qué ironía!…¿Cuánto costaría ese puesto???

Publicado el 14 de Noviembre del 2012 por Reinaldo Poleo
**http://unaaventurallamadavida.blogspot.com/2012/11/despuesd
e-que-al-qaeda-decidiera-atacar.html**

17 EL ECUATORIANO

Para un Tipo con aires de ambientalista, que pasa casi 2 meses del año sentado en un carro, en la eterna cola hacia y desde la oficina, el uso de Gas como combustible no resulta nada descabellado.

Así que mi vehículo definitivamente tenía que tener GAS.

Tremenda bombona que ocupa la mitad del maletero… pero en fin… el gas es verde y gratis… como dicen popularmente: "Pa' que mash" (léase con acento gocho).

Aunque con menos maletero, pero con la conciencia más verde, comencé a disfrutar de mi nuevo sistema de GAS.

Reconozco que la Red de servicio de GAS a nivel Nacional, es limitada, sin embargo, en la ruta a mi oficina, tengo la fortuna de tener 3 estaciones de servicio, las cuales brindan el famoso GNV (Gas Natural de Venezuela).

Raudo y contento activé mi sistema desde el primer momento, en cola, en bajada y en rectas era todo un sueño… pasaba del Gas a la gasolina en subidas o cuando iba a exigir al auto, con un solo botoncito y zaaazzz… ni se sentía el cambio. Todo un sueño, tanta efectividad no me dejaba de sorprender, no todas las ideas del gobierno son malas, me dije para mi sorpresa.

Sin embargo, como todo combustible, se acaba.

Siempre previsivo y con un cuarto de bombona lleno, decidí recargar. El manual (que para nada te indica cómo se usa el equipo de la estación de servicio) señala, que "**no debe dejarse vaciar por completo, de lo contrario podría sufrir daños el sistema**".

Ahí comenzó mi Vía Crucis…

Primera Estación: Ni idea de cómo se usa el sistema de llenado, en Venezuela el combustible es tan barato que cuando se realizó el cambio de la moneda al Bolívar fuerte, el gas perdió los ceros, los puntos y las comas y quedó gratuito, ¡genial!. Pero las estaciones de servicio eliminaron al personal que dispensa el gas, así que es Self Service (Fatal).

Después de tratar de interpretar el escueto folleto que trae el sistema, realicé un profundo análisis del mismo "In Situ" y entonces corrí raudo a solicitar ayuda a un "Bombero" (Dícese en Venezuela del personal que pone el combustible en una estación de Servicio o Bomba) bajo la promesa de una jugosa propina... ¡Cómo pagar por un cursito, puej!.

Luego de explicarme como conectar el "Pico", pasar la "perilla" y encender la "Bomba," me quedé esperando sentir el flujo del combustible llenando a la bombona... Silencio total... O el sistema era muy suave o...

El Hombre, con toda la calma del mundo, continuó con su explicación como si nada, cerró las válvulas, extrajo el Pico y lo volvió a colocar en su sitio. Estupefacto por la velocidad le pregunté.- "¿Ya?"... y poniéndose de puntillas para mirar más allá de la Bomba, a un punto distante, me dice.- "Noooo Maestro, hace días que no llega Gas...".

Segunda Estación: Llego a primera hora a la Estación de Servicio cercana a la oficina, no abren sino después de las 6:15 a.m., lamentablemente para mí, a esa hora ya llegué a mi oficina, así que debo calcular un día en el cual llegue más tarde, ya que la otra estación cercana a mi casa, meeeeenos está abierta a la hora que paso.

Tercera Estación: Paso una semana sin usar el Gas, un día aprovecho a llenar el tanque de mi vehículo con gasolina y me como una empanada para dar tiempo a que abran la estación de las 6:15 a.m. Tres taxis se encuentran antes que yo, en cuestión de segundos la estación será abierta... comienzan a circular los vehículos que repostarán gasolina y el mal encarado bombero parece al Padre Madariaga detrás de Emparan... el legendario gesto anuncia que NO HAY GAS...

Cuarta Estación: Fin de Semana... saco perros, desayuno, y decido hacer una diligencia. Entre mis planes está acercarme a la bomba en busca de GAS.

11:37 a.m. Llego a la Bomba, está sola la estación de gas. Me acerco y sigo todas las instrucciones que me enseñaron en el curso rápido de la bomba de la Autopista, inmediatamente me empiezo a enredar... mi cara de "Ni idea"... se acerca el vigilante, con acento extranjero me pregunta.- *¿Sabe usarlo?*. A lo que con ojos de ciervo atropellado y voz de Virgen le digo.- *Es mi primera vez...*

- *Que lástima, señor, soy nuevo aquí y no tengo ni idea.-* me indica con un sonsonete que no logro identificar. Al instante se detiene un Taxista mal encarado y me indica que esa bomba está mala, que use la otra. Mal encarado y todo me explica el procedimiento, activa la máquina y sin más se monta en su vehículo y se marcha. Qué bonita le quedaba la capa y el traje azul y rojo...

El Vigilante comienza a hablar conmigo y me comenta que hace solo 3 meses que llegó a Venezuela, animado por el progreso que publicitan en

Ecuador, me indica que *"Venezuela es el país de su esperanza, porque aquí se atiende al pueblo"...*

Sin ánimo de polemizar le comento que el Presidente Correa tiene el mismo discurso y la misma línea de acción que el gobierno venezolano... ¿Cuál es el problema?

A lo que raudo y veloz, a la velocidad que solo es capaz de desarrollar la respuesta aprendida, me dice.- *Es que la lucha contra la Burguesía Derechista no le ha permitido alcanzar los objetivos destinados a llevar la mayor felicidad al pueblo...*

Me quedé mudo... O sea la misma vaina...

Inmediatamente continúa su plática.- *Mire por ejemplo, el Gas es gratis y no contamina, eso es muy bueno y otras cosas como los médicos, regalan viviendas, te dan la ciudadanía rápido y sin preguntas...*

Sin querer polemizar le indico.- *Amigo, todo eso suena muy bien y debo decirle que yo estoy totalmente de acuerdo con todas esas manifestaciones de amor por el pueblo, porque es que las ideas son buenas y las apoyo de corazón, pero de la idea a la realidad hay muuucha comisión de por medio. Tengo 2 semanas tratando de poner GAS al vehículo y apenas hoy fue que conseguí. Contamos con módulos médicos, en algunos barrios, los cuales han sido abandonados y después de 14 años y previo a una relección se lanza un proceso de construcción de viviendas a ser "adjudicadas", nunca entregadas en propiedad. Esto quiere decir que es suya hasta que el gobierno lo determine.*

Tenemos la tasa de homicidios más alta de América, inclusive, una de las más alta del mundo y los servicios hospitalarios son de los más deficientes.

Yo vi morir a mi tía y a mi cuñada porque los servicios del Oncológico no funcionaban y el tratamiento privado era impagable.

Yo he visto los cadáveres en la sala de emergencia del hospital de Valencia, porque no aguantaron la cola para usar el quirófano o a la gente muriendo de mengua porque sus familiares no consiguen sueros, vendas o cualquier otro implemento o instrumento indispensable, mientras esperan un quirófano, porque el hospital no tiene insumos, mientras los buhoneros venden en las afueras, lo que debería estar almacenado adentro. Así como he visto gente contaminada porque algunas áreas han sido arropadas por la insalubridad.

La producción Agrícola y Pecuaria está en su peor momento y lo único que crece es la importación, si hasta hemos llegado a comprar Gasolina al imperio...

¡El hombre me miraba con una sonrisa amigable y congelada... me imagino que pensaría que se había encontrado con el Papá de la Oposición!

Atajando sus pensamientos continué.- *Hermano, usted está nuevo aquí... a lo mejor le parece que es mejor que lo que tenía y eso no significa que esto esté bien. Este se ha convertido en un gobierno de TITULARES, puro nombres, en donde la inversión en publicidad puede superar a la destinada a la Misión misma.*

Yo no debería recorrer, por más de una semana, diferentes establecimientos para obtener Gas para el vehículo, ni debería cazar la llegada de los camiones de GAS domésticos cuando he pasado más de 1 semana sin conseguirlo. O hacer una larga cola con la bombona, en espera de que llegue el anhelado camión.

Yo tengo que recorrer varios supermercados para conseguir los productos que quiero, porque los prefiero a los que quieren imponerme.

Yo pasé por los llanos de Guárico antes de la Nacionalización del Arroz y después de la Nacionalización y pude ver como los otrora enormes sembradíos se encontraban secos y estériles.

Yo he estado en los Llanos de Apure y he presenciado la desaparición de la ganadería, por falta de mercado e insumos. Y conozco de primera mano el daño que se hizo cuando pusieron en poder de depredadores sin control, las empresas indispensables en el desarrollo del Agro como lo fue Agroisleña. He hablado con el orgulloso pueblo en San Fernando de Apure, otrora centauro de los llanos, que ahora dependen de dadivas del gobierno, de manejar un taxi o depender de los salarios de los entes gubernamentales porque la carne en Venezuela o es Brasileña o Nicaragüense.

Nada de esto me lo contaron, como no me han contado de la cantidad de damnificados que aún se encuentran en refugios después de 2 años de promesas y cuya esperanza está que les escuche un Presidente "que está siendo engañado" según dicen los propios "dignificados".

Ni me han tenido que contar, acerca del "Sicariato" de las Mafias Sindicales, profesionales de la quiebra de empresas, en donde el único perjudicado es el trabajador. Porque el empresario hace años puso a salvo sus capitales de la rapiña roja-.

Lamentablemente la máquina se había detenido, el hombre con el rostro desencajado se había sentado en el tubo protector de la bomba.

-*Yo no sabía.* Fue lo único que alcanzó a balbucear. Mientras, yo sentía la profundidad de esas palabras… **YO NO SABÍA**…

- *En este momento Usted va a vivir la elección de gobernadores, usted está trabajando en el Estado Miranda, un estado en manos de un gobernador de la oposición, la campaña del candidato oficialista y anterior Vicepresidente de la República, se basa en ofrecer todo aquello que le fue quitado a la gobernación. Eso es Chantaje…* Le decía mientras me montaba en mi Auto full de Gas.

Un apretón de manos, suerte, prendí mi carro y me fui… al día siguiente había perdido el GAS… al parecer una válvula… pero tengo que esperar porque no hay…

Eso es parte de otra historia… De la **Quinta a la Decimocuarta Estación**…

Después le contaré a **EL ECUATORIANO***!*

Publicado el 20 de Noviembre del 2012 por Reinaldo Poleo
http://unaaventurallamadavida.blogspot.com/2012/11/el-ecuatoriano.html

18 EL PERFUME… ¡HISTORIAS MONSTRUOSAS!

La población de Grasse se despertó con una espantosa resaca. Incluso aquellos que no habían bebido tenían la cabeza pesada y náuseas en el estómago y en el corazón. En el Cours, a plena luz del día, honestos campesinos buscaban las ropas de que se habían despojado en los excesos de la orgía, mujeres honradas buscaban a sus maridos e hijos, parejas que no se conocían entre sí se desasían con horror del abrazo más íntimo, amigos, vecinos, esposos se encontraban de improviso unos a otros en penosa y pública desnudez.

Muchos consideraron esta experiencia tan espantosa, tan inexplicable y tan incompatible con sus auténticas convicciones morales, que en el mismo momento de adquirir conciencia de ella, la borraron de su memoria y después realmente ya no pudieron recordarla. Otros, que no dominaban con tanta perfección el aparato de sus percepciones, intentaron mirar hacia otro lado, no escuchar y no pensar, lo cual no resultaba nada sencillo, porque la vergüenza era demasiado general y evidente. Los que habían encontrado a sus familias y sus efectos personales, se marcharon de la manera más rápida y discreta posible. Hacia el mediodía, la plaza estaba desierta, como barrida por el viento.

Los ciudadanos que salieron de sus casas, lo hicieron al caer la tarde, para atender a los asuntos más urgentes. Se saludaron con prisas al encontrarse, y sólo hablaron de temas banales. Nadie pronunció una palabra sobre los sucesos de la víspera y la noche pasada. El desenfreno y el descaro del día anterior se habían convertido en vergüenza. Y todos la sentían, porque todos eran

culpables. Los habitantes de Grasse no habían estado nunca tan de acuerdo como en aquellos días. Vivían como entre algodones..."
Patrick Süskind, El Perfume, 1985.

Así describía en su obra **El Perfume**, el escritor Patrick Süskind, a un momento en el cual el Asesino Grenouille, lograba salvarse del cadalso, gracias al extracto obtenido de la destilación de su bella victima...

Convertido en una especie de Ángel Seductor, el sádico perverso se disfrazaba con unas gotas del Perfume extraído de su víctima, obteniendo el Aroma Perfecto, el mismo que desencadenó una orgia de desenfreno total entre las 10.000 almas reunidas para presenciar la ejecución del vil monstruo. Hasta el Padre de su víctima le pide su perdón y le implora le acepte como Padre...

Esta obra siempre me impresionó, y es que la humanidad ha estado plagada de estos monstruos, capaces de nublar la razón con pasión desenfrenada, desatando las más viles pasiones disfrazadas de orgullo nacionalista, fervor religioso o fanatismo artístico, capaz de terminar en los más temibles actos de desenfreno.

Lo más increíble es, que las victimas de tal influjo, justifican absolutamente todas las actuaciones del monstruo, con el convencimiento pleno de hacer lo correcto, justificando y acatando cada acto u orden por muy descabellada que sea.

Pol Pot, líder de los Jemeres Rojos de Camboya, cuya feroz dictadura comunista causó la muerte en la década de 1970 a más de 1 millón y medio de personas, en un país que tenía sólo algo más de 7 millones de habitantes.

Adolf Hitler, lo había superado en número de muertos, pero el record absoluto lo ostenta, sin duda ***Josef Stalin***, dejando a un lado las víctimas de la Segunda Guerra Mundial y las deportaciones forzosas que llevó a cabo la Unión Soviética al finalizar esta, se maneja la cifra de, al menos, 10 millones de personas. Entre 6 y 8 millones a causa de las grandes hambrunas de la década de 1930, de la cual Stalin fue responsable directo, y en torno a 4 millones fueron víctimas de purgas, deportaciones y asesinatos de todo tipo llevados a cabo por la policía y el Ejército Rojo.

Mao Zedong fue responsable de la muerte de más de 70 millones de personas en tiempos de paz, más que ningún otro líder del siglo XX y hoy por hoy, el pueblo chino, el que más sufrió su megalomanía y ambición desmedida, lo sigue venerando como a un héroe.

De igual forma, vale la pena recordar al Asesino y Tecnócrata comunista, ***Slobodan Milošević***, que se afianzó en el poder explotando la victimización de los serbios, removiendo los traumas de la Segunda Guerra Mundial (cuando esta nacionalidad padeció matanzas de proporciones genocidas a manos de los fascistas croatas) y exacerbando un sentimiento de frustración colectiva por los años de la dictadura comunista y la rampante crisis económica.

Milosevic convenció a buena parte de los ciudadanos, de que Serbia, la república más poblada y económicamente más potente de la federación, había sido sistemáticamente marginada durante el régimen de Tito (a la sazón, un croata), y que ahora, numerosos enemigos de dentro y fuera de Yugoslavia conspiraban contra ella.

La retórica nacional-patriótica, aderezada con algunas concesiones a un nebuloso reformismo político, desplazó el verdadero debate, la democratización de las instituciones y la vida pública, a partir de la cual podría renegociarse el futuro de la RFSY.

El 28 de marzo de 1989 la Asamblea de Serbia aprobó una reforma de la Constitución republicana, la cual reducía drásticamente las autonomías de Kosovo y Vojvodina, incluidas todas las competencias económicas, policiales y educativas, las cuales volvieron a la administración central.

El 7 de junio de 1990 constituyó el Partido Socialista de Serbia (SPS) a partir de la SKS (rama Republicana de la Liga Comunista Serbia) y con la absorción de la pequeña Alianza Socialista del Pueblo Trabajador de Serbia, y el 16 de julio siguiente se hizo elegir presidente de la flamante formación el primer día de su primer Congreso. No se acometió una transformación doctrinal como las interiorizadas por los partidos comunistas del bloque soviético, sino un simple cambio de siglas y otros símbolos externos; en realidad, los socialistas serbios mantuvieron intactos el dogmatismo ideológico y la concepción exclusivista del poder, propios de un partido fuerte que se consideraba vanguardia de la sociedad.

El 28 de septiembre de 1990 Serbia imprimió un nuevo giro de tuerca promulgando una nueva Constitución centralista que remataba la disolución de las instituciones autonómicas provinciales. El texto removió también la condición de *socialista* de la República de Serbia y abrió el camino para la celebración de las primeras elecciones pluralistas el 9 y el 23 de diciembre. En las legislativas, el SPS se adjudicó una rotunda victoria con 194 de los 250 escaños de la nueva Asamblea Nacional (Narodna Skupstina); en las presidenciales, Milosevic fue confirmado en su puesto con el 65,3% de los votos, derrotando a una veintena de candidatos encabezados por Vuk Draskovic, un líder nacionalista genuino, el cual encontró serias dificultades para perfilarse, ante el exitoso intrusismo ideológico del dirigente socialista.

Su apoyo popular era incuestionable y su traslación a las urnas se aseguraba a priori, escatimando los espacios de difusión a los partidos opositores a fuerza de un práctico monopolio informativo, sacando provecho de los tumbos de los adversarios y ejerciendo medidas de coerción policiales (también extraoficiales, con intimidaciones y agresiones a cargo de sicarios que quedaban impunes) que no eran compatibles con el Estado de derecho.

Gracias a este entramado de pluripartidismo, elecciones más o menos competitivas e instituciones sólidas, Milosevic mantenía viva la sensación de un Estado democrático y no hacía fácil las simplificaciones sobre la existencia de una "dictadura" en Serbia. Pero un análisis detenido revelaba que el poder real, por encima del Gobierno, el Parlamento y los demás órganos constitucionales del Estado, lo detentaba una urdimbre de camarillas, élites partidistas y fuerzas de seguridad conectadas (sobre todo en los últimos años) con organizaciones parapolíticas de corte mafioso. Amparadas por el clan gobernante, las tramas corruptas y las economías sumergidas florecían en tanto Milosevic obtuviera de ellas ventajas políticas.

El propio hijo varón de Milosevic, Marko, amasó una considerable fortuna privada merced a una serie de negocios dudosos y al desvío de fondos no menos sospechosos a cuentas secretas en Suiza, Grecia y la misma Serbia. En 1999 su hermana, Marija, aparecía como la propietaria de una discoteca en el centro de Belgrado y de la empresa informativa Kosova, consistente en una emisora de televisión y otra de radio. Al finalizar la década, sus detractores convenían en que la familia Milosevic administraba un patrimonio financiero nada desdeñable, repartido en participaciones en diversos medios de comunicación, inversiones inmobiliarias y negocios de variada especie.

Los escasos medios de información, audiovisuales y escritos, que habían conseguido mantener una línea independiente comenzaron a ser hostigados de manera sistemática o directamente fueron clausurados al amparo de la nueva ley del 21 de octubre de 1998, que imponía drásticas restricciones a la libertad de información. Asimismo, la criminalidad con ramificaciones políticas experimentó una escalada sin precedentes que se manifestó en atentados, asesinatos y desapariciones de altos representantes institucionales y dirigentes políticos, tanto en activo como retirados. Los *accidentes de tráfico* y los *suicidios*, a cual más sospechoso, de personalidades de la vida pública adquirieron una frecuencia alarmante. Ni los fiscales se salvaban a esta suerte de "Pava"…

Milosevic, cuyo mandato federal vencía en julio de 2001, estaba dispuesto a librar el enfrentamiento definitivo con la oposición. Con la animosidad en su contra generalizada dentro y fuera del país, el autócrata descartó (si es que llegó a considerar alguna vez esta opción) anular a sus enemigos domésticos con la represión policial, el estado de emergencia o la instauración de una dictadura sin tapujos, quizá porque no tenía segura la lealtad de todos los mandos del Ejército. Decidió, pues, aceptar el reto de las urnas, donde estaba convencido de que podía ganar, como lo había hecho siempre, así que el 27 de julio convocó elecciones federales anticipadas para el 24 de septiembre.

Pero antes, el 6 de julio, la coalición de partidos fieles aprobó en la

Asamblea Federal una serie de enmiendas constitucionales que reforzaban sobremanera los atributos del presidente, dejando a las claras que el titular del cargo quería perpetuarse en el poder. En adelante, el jefe del estado yugoslavo sería elegido por sufragio universal en vez de por la Asamblea y no se exigiría un mínimo de participación para validar los comicios.

Más aún, el mandato presidencial podría prolongarse hasta ocho años partiendo de un cuatrienio renovable, y, obviamente, se entendía que esto valía para Milosevic al no tener la enmienda efecto retroactivo. Los analistas foráneos interpretaron que con la nueva artimaña legal, diseñada para asegurar la reelección de Milosevic, el régimen dejaba atrás los últimos vestigios de pudor legalista y se aprestaba a enrocarse con todas las consecuencias. De hecho, al autócrata sólo le valía ganar, pues su paso a la oposición traería inevitablemente el arreglo de cuentas, la persecución judicial y quien sabía si su extradición a La Haya.

Pasaron varios años en donde la descomposición social, el genocidio y la presión Internacional de la mano de la OTAN y de la mano de una insurrección popular… un despertar del pueblo contra su anterior líder Máximo e infalible.

El 1 de febrero del 2001 las autoridades sometieron a Milosevic a una vigilancia domiciliaria permanente para prevenir cualquier intento de fuga y el último día del mes la Fiscalía de Belgrado abrió una investigación para esclarecer unas informaciones periodísticas en las que se acusaba al ex presidente de transferir 172 kilogramos de oro a Suiza entre el 21 de septiembre y el 2 de noviembre del año anterior.

En la mañana del 1 abril, tras una dramática resistencia de 36 horas planteada por sus guardaespaldas y una nube de incondicionales vociferantes, los cuales frustraron con tiroteos y tumultos dos intentos de asalto policial, Milosevic fue detenido en su villa de Belgrado. Acompañado por su esposa y su hija , antes de rendirse amenazó con suicidarse, siguiendo la tradición familiar, lo que indudablemente le habría convertido en un mártir para una parte sustancial de la población, pero esta vez prevaleció en él, el instinto de supervivencia.

Milosevic dejó Belgrado sumido en un fenomenal alboroto político, con Djindjic justificando su expeditivo movimiento para "evitar a Serbia la ruina", Kostunica calificando de "ilegal e inconstitucional" la medida, de la cual aseguró, se enteró a través de los medios de comunicación y Zizic anunciando su dimisión irrevocable, aun cuando Occidente premió la difícil decisión con una ayuda de 1.300 millones de dólares. Conforme al procedimiento, el 3 de julio Milosevic se sentó en el banquillo del TPIY (Tribunal Penal Internacional para la ex Yugoslavia), que presidía el juez francés Claude Jorda, para escuchar la lectura de su acta de acusación y la comunicación de su derecho a ser asistido por un abogado.

En la histórica sesión judicial, se esperaba de Milosevic una declaración de no culpabilidad de los cargos que se le imputaban, por el momento limitados a la responsabilidad directa en la ejecución de al menos 340 albanokosovares y en la deportación de otros 740.000 entre el 1 de enero y el 20 de junio de 1999, así como a la instigación y planificación de las operaciones de limpieza étnica en Kosovo. Los hechos imputados eran constitutivos de unos delitos de crímenes de guerra y crímenes contra la humanidad. Ahora bien, la fiscal general, la suiza Carla Del Ponte, pronosticó la ampliación del sumario con la acusación de genocidio, el cargo más grave del Tribunal, en relación con las atrocidades cometidas en Croacia, Bosnia y la misma Kosovo desde 1991.

Sería mucho extendernos en los intríngulis que desencadenaron en el largo proceso judicial en el tribunal internacional de la HAYA, del amado por unos y odiados por otros, Carnicero de los Balcanes.

La culpabilidad o la inocencia de Milosevic nunca fue establecida por el tribunal internacional. El 11 de marzo de 2006, el cuerpo de Milosevic fue encontrado sin vida, recostado en la cama de su celda, por uno de los guardianes de la penitenciaría de Scheveningen. (Extraído de: www.cidob.org/es/documentacio/biografias_lideres_politicos/europa/serbia/slobodan_milosevic)

Estos son algunos de los ejemplos del influjo fatídico que poseen estos Monstruos sobre las sociedades, las mismas que un día despertaron del mismo, con el deseo de olvidar y dejar detrás la vorágine de inmoralidad y excesos…

"…Había conocido esta experiencia y comprobado que no era factible vivirla. Como tampoco la otra experiencia, la de la vida entre los hombres. Uno se asfixiaba tanto en una como en otra. En general, no quería seguir viviendo. Quería llegar a París y morir allí. Esto era lo que quería.

De vez en cuando metía la mano en el bolsillo y tocaba el pequeño frasco de cristal que contenía su perfume. Estaba casi lleno. Para su aparición en Grasse había utilizado sólo una gota. El resto bastaría para hechizar al mundo entero. Si lo deseaba, en París podría dejarse adorar no sólo por diez mil, sino por cien mil; o pasear hasta Versalles para que el rey le besara los pies; o escribir una carta perfumada al Papa, revelándole que era el nuevo Mesías; o hacerse ungir en Notre—Dame ante reyes y emperadores como emperador supremo o incluso como Dios en la tierra… si aún podía ungirse a alguien como Dios…"
Patrick Süskind , El Perfume, 1985.

El diccionario define "**presencia**" cómo "la personalidad o apariencia de una persona que se caracteriza por su aplomo y confianza". Se podría agregar, que es la combinación de una presencia física atractiva, un lenguaje corporal que transmite seguridad en sí mismo, habilidades de comunicación asertiva y una energía positiva cautivadora, la cual crea una suerte de campo energético en torno a la persona y hace que los demás se sientan atraídos.

Cuando una persona reúne todos estos atributos, suele proyectar un "aura de poder" que se traduce en la "presencia" del líder

Es impresionante el influjo que ejerce la presencia del líder, cuando hasta sus más acérrimos opositores se derriten ante su presencia... ¿Un Don o una Maldición???

Tanto la Novela como la historia coinciden en el final de los Monstruos...

Pol Pot, murió el 15 de abril de 1998 a los 73 años de edad, en medio de las selvas camboyanas que en su juventud habían inspirado sus ideales. Era oficialmente prisionero del grupo que había fundado cuatro décadas atrás, los "Khmeres Rojos". Los informes oficiales establecen que su muerte se debió a un ataque cardíaco, pero rumores de un posible atentado a su vida se presentaron como una posibilidad. Su cuerpo fue incinerado en una hoguera de coches viejos, lugar que posteriormente fue rodeado por una barrera de láminas de hierro al norte del país, cerca del lugar de su muerte.

La muerte de **Adolf Hitler**, jefe del Partido Nazi de 1933 a 1945, se produjo el 30 de abril de 1945, Hitler cometió suicidio por disparo y envenenamiento con cianuro.

Mao experimentó serios problemas de salud debidos posiblemente al mal de Parkinson, así como problemas pulmonares y cardíacos como consecuencia del tabaco. Mao falleció el 9 de septiembre de 1976 a la edad de 82 años, después de una larga agonía oculta bajo el telón de la desinformación oficial.

Sobre las diez de la noche del domingo 1 de marzo de 1953, el mayordomo de **Stalin** abrió la puerta de su habitación y lo encontró tendido en el suelo, vestido con la ropa que llevaba la noche anterior y sin apenas poder hablar. Se llamó a los miembros del Politburó, que lentamente fueron acudiendo a la "*dacha*" de Stalin, pero nadie llamó a un médico. Finalmente, pasadas 24 horas, Lavrenti Beria, hizo venir a algunos doctores que dictaminaron que Stalin había sufrido una apoplejía y había caído fulminado. La agonía de Stalin se alargó varios días más. En ocasiones abría los ojos y miraba furibundamente a quienes lo rodeaban. Se cuenta que en esos momentos, Beria le cogía de la mano y le suplicaba que se recuperase, pero cuando volvía a desvanecerse lo insultaba y le deseaba una dolorosa muerte. El día 4 aparentó una súbita mejoría y una enfermera comenzó a darle de beber leche con una cuchara, lo que hizo que el enfermo señalase un cuadro que había sobre la cabecera de su cama, donde una niña daba leche a una oveja. En ese momento, sufrió un nuevo ataque y entró en coma. Los médicos que atendían a Stalin le practicaron reanimación cardiopulmonar en las diversas ocasiones en que se le detuvo el corazón, hasta que finalmente a las 22:10 del día 5 de marzo no consiguieron reanimarlo.

"Podía hacer todo esto cuando quisiera; poseía el poder requerido para ello. Lo tenía en la mano. Un poder mayor que el poder del dinero o el poder del terror o el poder de la muerte; el insuperable poder de inspirar amor en los seres humanos... Sólo una cosa no estaba al alcance de este poder: hacer que él pudiera olerse a sí mismo. Y aunque gracias a su perfume era capaz de aparecer como un Dios ante el mundo... si él mismo no se podía oler y, por lo tanto, nunca sabía quién era, le importaban un bledo el mundo, él mismo y su perfume.

La mano que había tocado el frasco olía con gran delicadeza y cuando se la llevó a la nariz y olfateó, se sintió melancólico, dejó de andar y olió.

Nadie sabe lo bueno que es realmente este perfume, pensó. Nadie sabe lo bien "hecho" que está. Los demás sólo están a merced de sus efectos, pero ni siquiera saben que es un perfume lo que influye sobre ellos y los hechizó.

El único que conocerá siempre su verdadera belleza soy yo, porque lo he hecho yo mismo. Y también soy el único a quien no puede hechizar. Soy el único para quien el perfume carece de sentido..."

...*"El hombrecillo de la levita azul, sin embargo, había aparecido allí de repente, como surgido de la tierra, y tenía en la mano un pequeño frasco que en seguida procedió a destapar. Esto fue lo primero que todos recordaron: que de pronto apareció alguien y destapó un pequeño frasco. Y a continuación se salpicó varias veces con el contenido de este frasco y una súbita belleza lo encendió como un fuego deslumbrante.*

En el primer momento retrocedieron con profundo respeto y pura estupefacción, pero intuyendo al mismo tiempo que su retirada era más bien una postura para coger impulso, que su respeto se convertía en deseo y su asombro, en entusiasmo. Se sintieron atraídos hacia aquel ángel humano del cual brotaba un remolino furioso, un reflujo avasallador contra el que nadie podía resistirse, sobre todo porque no querían hacerlo, ya que el reflujo arrastraba a la voluntad misma, succionándola en su dirección: hacia él.

Habían formado un círculo a su alrededor, unas veinte o treinta personas, y ahora este círculo se fue cerrando. Pronto no cupieron todos en él y empezaron a apretar, a empujar, a apiñarse; todos querían estar cerca del centro.

Y de improviso desapareció en ellos la última inhibición y el círculo se deshizo. Se abalanzaron sobre el ángel, cayeron encima de él, lo derribaron. Todos querían tocarlo, todos querían tener algo de él, una plumita, un ala, una chispa de su fuego maravilloso. Le rasgaron las ropas, le arrancaron cabellos, la piel del cuerpo, lo desplumaron, clavaron sus garras y dientes en su carne, cayeron sobre él como hienas.

Pero el cuerpo de un hombre es resistente y no se deja despedazar con tanta facilidad; incluso los caballos necesitan hacer los mayores esfuerzos.

Y por esto no tardaron en centellear los puñales, que se clavaron y rasgaron, mientras hachas y machetes caían con un silbido sobre las articulaciones, haciendo crujir los huesos. En un tiempo muy breve, el ángel quedó partido en treinta pedazos y cada miembro de la chusma se apoderó de un trozo, se apartó, e impulsado por una avidez voluptuosa, lo devoró. Media hora más tarde, hasta la última fibra de Jean-Baptiste Grenouille había desaparecido de la faz de la tierra..."
Patrick Süskind , El Perfume, 1985.

¡No hay noche, por muy oscura que sea, que pueda oponerse a un nuevo y brillante día!!!

Cualquier semejanza con nuestra realidad Nacional... es pura coincidencia...

Publicado el 19th Diciembre del 2012 por Reinaldo Poleo
http://unaaventurallamadavida.blogspot.com/2012/12/la-poblacion-de-grasse-se-desperto-con.html

19 LUNA SOBRE PARADOR O COSAS DE UN PAÍS BANANERO

Es innegable mi fascinación por el cine. Principalmente por el cine absurdo, la ficción, la comedia, porque para ver la vida real tengo a Globovisión.

Desde mi más temprana edad, mis padres me llevaban al cine, creo que puedo decir los diálogos completos de casi todas las películas de Disney, si hasta aprendí a hablar como Mickey Mouse y siempre lloro con Dumbo. Últimamente no salgo de Notting Hill y no dejo de conmoverme cuando Julia Roberts le dice a Hugh Grant que *"solo soy una chica frente a un chico pidiéndole que la quiera"*...

De igual forma me encantan las versiones de las versiones y si me le pones buen humor, nunca las podré olvidar.

Una de las que más me ha gustado, con el trillado argumento del impostor que cubre la desaparición del mandatario, es definitivamente la comedia titulada en inglés, *"Moon Over Parador"*, conocida en español como *"Luna sobre Parador"*, *"Luna sobre el Paraíso"* o *"Presidente por Accidente"*.

Película de 1988, dirigida por Paul Mazursky e interpretada por el genial Richard Dreyfuss, el magistral Raúl Julia y la siempre bella y exótica Sonia Braga, acompañados por figuras como Fernando Rey, Jonathan Winters y con la aparición del sensacional Sammy Davis Jr.

En la película Jack Noah (Richard Dreyfuss), un actor sin suerte, se encuentra trabajando en Parador (Un país "bananero" típicamente latino), cuando el Dictador de este pequeño país muere.

Ante tan terrible situación, la mano derecha del Dictador (Raúl Julia), hombre despiadado y decidido a mantenerse en el poder el mayor tiempo posible, ofrece a Jack la posibilidad de suplantar al dictador muerto y así tranquilizar a la población, mientras mantiene a raya, con férrea mano a una incipiente revuelta popular.

Variadas peripecias transcurren hasta el inevitable final, en el cual Jack, con ayuda de su nueva "Primera Dama" (Sonia Braga) desenmascara las intenciones del Primer Ministro y "Muere", abriendo la posibilidad de una naciente democracia de la mano de la recién elegida Presidente, otrora primera dama. Nunca nadie sabrá en USA de su magistral papel de Dictador y seguirá viviendo como un simple y mediocre actor.

Es impresionante como la realidad puede superar a la comedia y la fantasía.

El jueves 10 de Enero, amanecimos con un país profundamente dividido por uno de los montajes más grandes en la historia de Venezuela y en un momento en el cual, no puedo dejar de pensar que somos una nación ocupada por una fuerza invasora, silenciosa y creciente.

Apenas ayer conversaba con un estimado amigo catalán acerca de las ventajas de nuestra constitución contra la "fascista catalana" aún adornada por el Águila Imperial y me destacaba como la nuestra había sido votada por nosotros así como sus enmiendas…

¿Cómo explicarle a mi estimado amigo, que el texto por el cual se votó en esta constitución no fue el mismo que se publicó posteriormente… como explicarle que a la enmienda a la cual dimos un contundente NO, fue al final aprobada de "**Una u Otra forma**"?.

¿Cómo explicarle al mundo, que nuestra Asamblea, Tribunal, Poder Electoral, Contraloría, Procuraduría y Defensoría del Pueblo, hacen campaña clara y directa a favor del mandatario nacional?.

¿Cómo explicar al ciudadano de un país desarrollado, que en Venezuela la persona que manifieste una actitud contraria al gobierno no puede ejercer un cargo público? ¿Y que dicho estado se ha dedicado a desmantelar paulatinamente a la iniciativa privada, en una clara intención de obligar al ciudadano común a arrodillarse por un pedazo de pan?.

¿Cómo explicar al ciudadano común, que nuestros Puertos de Entrada, tanto Marítimos como Aéreos, así como los sistemas de Identificación y Extranjería están en manos de funcionarios Cubanos?.

¿Creen fácil explicar que el desmantelamiento de la producción nacional, no es más que la excusa para pagar productos y conciencias de países vecinos???.

NO…no es fácil explicar, o creer o imaginar que en el Siglo 21 existan países con ciudadanos secuestrados por un poder *"Revolucionario, Bananero y Armado"*.

Sin embargo, tal y como comenté en mi artículo anterior, ¡EL PERFUME… HISTORIAS MONSTRUOSAS! (http://unaaventurallamadavida.blogspot.com/2012/12/la-poblacion-de-grasse-se-desperto-con.html), la historia del mundo ha demostrado que tales

Regímenes no sobreviven al Personaje... ni los Personajes sobreviven sus Regímenes...

Hoy nos enfrentamos a un Presidente 2 veces sanado por obra y gracia de la divinidad del cual es depositario directa, el mismo que participó y ganó en unas elecciones bajo la premisa de su milagrosa sanación hasta el 2021. El mismo que a los 2 meses de ganar las elecciones de Octubre del 2012, repentinamente es invadido por la misma enfermedad de la cual se había curado totalmente, 2 veces, en un breve lapso de año y medio...

Ya hace un mes desapareció de la luz pública, no hay testigos creíbles e imparciales que emitan un estado real de su situación y tan solo se ha convertido en una misteriosa voz muda que gira instrucciones desde un oscuro cuarto, en un oscuro edificio y desde un oscuro país...**Cuba.**

Los poderes públicos se conjugan en una suerte de campo de fuerza legal para justificar su ausencia, sus órdenes sin firma y sus mandatos sobre sus "elegidos"...

El jueves 10 de Enero debió tomar posesión de su nuevo período y no estuvo, la Asamblea extiende su permiso y el máximo tribunal dice que vuelva cuando quiera sin requerir ninguna Fe Médica, la cual permita comprobar su estado o su capacidad para seguir conduciendo los destinos de nuestra nación y su Revolución hasta el 2021.

¿Quién gobierna en uno de los países más corruptos del mundo (según fuentes internacionales)?.

¿Quién se beneficia con el mantenimiento en el poder de un gobierno sin la cara visible de su máximo dirigente?.

¿Quién gana?.

El Jueves 10 de Enero, en lugar de presidente, las calles de Caracas están llenas de Autobuses pagados, para traer gente, también pagada o como estamos acostumbrados, empleados públicos que recibieron **"el memo"**, para celebrar el triunfo y toma de posesión de un ausente, en un acto que más parece un ensayo de despedida con animadores profesionales incluidos y todo, que bajo la frase, *"Yo soy Chávez"*, sustituyen al ausente, para imprimirle inmortalidad y omnipresencia.

¿Ausente? ¿Enfermo? ¿Secuestrado víctima de su propia megalomanía?.

Dios quiera que vuelva y sano... Otra vez...

La justicia del hombre tarda, pero llega y nos da la oportunidad de arrepentirnos y enmendar nuestras fallas.

¡Pero con la Justicia de Dios no hay vuelta atrás!.

Al final, volverá a pasar "La Luna sobre Parador"...

"Juro delante de Dios, juro delante de la Patria, juro delante de mi pueblo que sobre esta moribunda Constitución impulsaré las transformaciones democráticas necesarias para que la República nueva tenga una Carta Magna adecuada a los nuevos tiempos. Lo juro." *Hugo Chavez Frías, 2 de Febrero de 1999.*

Ahí les dejo un enlace en donde pueden disfrutar de esta película... la de ficción...

http://www.cinelatino.com/usa/peliculas/luna-sobre-parador/

Publicado el 14 de Enero del 2013 por Reinaldo Poleo
http://unaaventurallamadavida.blogspot.com/2013/01/luna-sobre-parador-o-cosas-de-un-pais.html

20 SE MURIÓ

Que fácil se dice, que fácil suena, que duro es. Simplemente Se Murió, sin importar cuando, sin saber dónde y sin entender el por qué.

Se Murió el Invicto, la Omnipotencia, el Orgullo y la Omnipresencia...

Pero es que de la mortalidad no se escapa, al final solo somos ideas, alma y carne. Y cuando el momento nos llegue se heredarán las ideas, se someterá el alma y se sembrará la carne.

La mano que ayer era puño hoy yace extendida, la voz que ayer gritaba hoy se encuentra apagada; Se acabó el sarcasmo, la orden de ataque y la rodilla va quedando bajo tierra.

Ya no importa la Haya, porque el acusado escapó de la justicia terrenal, aquí quedaron las denuncias y los muertos, aquí quedamos los sobrevivientes de un gobierno incapaz y quedamos en manos de lo que queda de un gobierno incapaz.

Se murió un buen hombre... un buen hombre para Bolivia, Brasil, Nicaragua, Ecuador, Argentina y Cuba, entre otros y Carajo, ¡Cuidado con el que me diga lo contrario!. Que nuestra sangre alivia tierra extranjera.

Pero se murió... murió el profeta que vaticinó que "Más allá del 2013...NO" (19/09/2004) y me pregunto si se "Encontrará con el Cardenal Velasco en el Infierno" (13/04/2008) el cual, por cierto, habría muerto también por cáncer.

¿Será obra del destino que desaparezca el mismo día que Lina Ron y Stalin?.

Se Murió en el mismo Hospital en el cual murió Franklin Brito, luchador incansable por SU derecho a trabajar.

Se Murió a pesar de toda la ciencia y medicina de su Patria Grande... Cuba.

Se murió después de haberse curado 2 veces de lo mismo.

Se murió a pesar de haber ganado unas elecciones cuando por segunda vez estaba sano.

Simplemente se murió… ya no está en nuestras manos, solo nos queda lo que dejó por país, solo nos queda lo que nos dejó por gobierno, solo nos quedan cuentas por pagar y mucho por hacer.

Él se murió y nosotros nos quedamos, el Sol seguirá saliendo, vendrán otros días y otras noches, seguirán muriendo venezolanos por la inseguridad, continuará el saqueo de nuestras reservas y seguirán las batallas intestinas en el seno de una oposición parcelada y en un partido único empeñado en crear un mito para vivir de un fantasma.

Se murió y nos dejó separados y quebrados, ahora nos divide, raza, religión, condición social y afinidad política.

No solo se murió… se escapó… y que dolor me da ver el llanto en sus seguidores que le amaron sin recibir nada a cambio, solo esperanza e identidad.

De mi parte, continuaré despertando con el canto del Gallo Tuerto, seguiré llegando a trabajar a las 6 de la mañana, continuaré apoyando las causas en las cuales YO creo según mis valores y sin cobrar por mis simpatías.

En fin… Yo estoy Vivo.

Por ahora…

Publicado el 6 Marzo del 2013 por Reinaldo Poleo
http://unaaventurallamadavida.blogspot.com/2013/03/se-murio.html

21 CHÁVEZ SOMOS TODOS...

Tengo que reconocer que, como fiel opositor a la causa Socialista del Siglo XXI, me cuesta mucho conseguir coincidencias con el actual proceso Revolucionario. Sin embargo, no puedo negar la gran conexión lograda entre su supremo líder, hoy difunto y una gran parte del pueblo venezolano (Sin descontar a los curiosos, tarifados de costumbre y morbosos voyeristas).

Para mí siempre ha sido motivo de admiración los fenómenos Mesiánicos y sus consecuencias. Recuerdo claramente las escaramuzas mesiánicas que viví en la Venezuela de mi juventud, en donde teníamos mesías por 2 años de los 5 que les tocaba gobernar (después de los 2 primeros años se revelaban los pies de barro). Y de la muy nombrada "4ta. República", destacaron 2 Mesías repitientes por circunstancias, que casual o lamentablemente, motivaron el nacimiento de un nuevo y definitivo Súper Mesías.

Hoy después de las pasiones desatadas, llantos reales, de mentira, tarifados y otros más electoreros, me impresiona y marca el lema *"Chávez Somos Todos"*.

Cuan profunda frase, y es que la identificación siempre viene con un compromiso, razón por la cual quise saber la dimensión de tal afirmación.

¿Quién era Chávez para ese pueblo seguidor y comprometido?

Llegué a escuchar que era el **"Padre"**, **"Corazón de la Patria"**, el **"Hombre de la Paz"**... así también resaltan calificativos como **"El Nuevo Libertador"**, **"Cristo de los Pobres"**.

"Yo Soy Chávez" gritaba su pueblo ante el sarcófago frio... ¿Y eres Padre? ¿Eres responsable de todos los hijos que has traído al mundo? ¿Les has prodigado amor, cariño y comprensión? ¿Te has preocupado porque tengan una educación adecuada que garantice su crecimiento intelectual,

personal y moral? ¿Has procurado brindar a tus hijos una buena alimentación, le has vestido y has cubierto su descanso con un techo decente, con un hogar?.

Si NO es así… Tú no eres Chávez "**Padre**"

"*Yo Soy Chávez*", gritaban en cadena… ¿Pero en realidad tu verdadero amor es por la Venezuela del Arauca Vibrador, eres hermano de la espuma, de la garza, de la rosa y del sol? ¿Te arrulla la viva diana de la brisa en el palmar? ¿Tienes el alma como el alma primorosa del cristal? ¿Amas, lloras, cantas y sueñas con claveles de pasión y le cantas a Venezuela con alma de trovador o gritas un Guachi Guachi americano o tal vez cantas un Cubano Son? ¿Te han dolido los hijos de la patria? ¿Acompañaste a tu hermano en la desgracia, en Vargas, cuando las lluvias o en tantas otras situaciones catastróficas?

Si NO es así… Tú no eres Chávez "**Corazón de la Patria**"…

"*Yo Soy Chávez*", gritaban frente al hospital… ¿Y eres hombre de Paz? ¿Reniegas la guerra y el conflicto? ¿Pones la otra mejilla ante el que te insulta? ¿Extiendes tu mano abierta a quien piensa diferente? O como escribió el Mártir, Martin Luther King, Jr., en su Carta de Birmingham escrita en la prisión: "*la verdadera paz no es simplemente la ausencia de tensión: es la presencia de justicia…*" ¿Eres Justo e igualitario con la Justicia???

Si NO es así… Tú no eres Chávez "**El Hombre de la Paz**"

"*Yo Soy Chávez*", gritaban en el 23… ¿No hincas la rodilla ante ningún poder extranjero? ¿La ropa que usas es hecha en Venezuela? ¿Los alimentos que consumes salen de la madre patria Venezuela? ¿Ves Cine Nacional? ¿Los principios que defiendes son puramente venezolanos, sin intervención gringa, cubana o de cualquier otra nación?

Si NO es así… Tú no eres Chávez "**El Nuevo Libertador**"

"*Yo Soy Chávez*", gritaban en el Cuartel de la Montaña… Si crees en eso ¿eres Cristo entre los pobres? ¿Te entregas por tu comunidad? ¿Compartes tu alimento? ¿Primero come tu prójimo que tú? ¿Dedicas cada día en la prédica de la Revolución, llevando el mensaje de amor y paz que exalta al nuevo hombre producto de la Revolución Bonita???

Si NO es así… Tú no eres Chávez "**Cristo de los Pobres**"

Sin embargo otro sector ha gritado y grita ¡"**YO NO SOY CHÁVEZ**"!

Porque Chávez entregó nuestra economía a los extranjeros, cuando decimos a los 4 vientos que los mejores productos vienen de afuera. ¡Así sea verdad! Pero cuando hemos podido elegir, elegimos lo foráneo a lo Hecho en Venezuela… Entonces Somos como Chávez.

Cada vez que gastamos una divisa, entregamos nuestro patrimonio, creamos fuentes de trabajo en otras latitudes, activamos otras economías y eso ha sido desde que fuimos conocidos por ser unos "*Tabaratos*"…
Somos como Chávez!

Lo acusamos de preferir profesionales extranjeros, en lugar de los venezolanos y somos los primeros en buscar respuestas afuera cuando la teníamos aquí, ¿conocemos acaso la grandeza de nuestros ilustres venezolanos que brillan en el exterior mientras aquí apenas sabemos de ellos, si acaso leemos la prensa o se ponen un ratito de moda? ¿Sabes lo que están haciendo, lo que hicieron o lo que luchan diariamente para alcanzar la dorada meta que se han propuesto?

Pues hay muchos que están por encima de un Spielberg, un Job, un Che o un Fidel.

¿Conoces acaso la grandeza de deportistas actuales como, Juan Arango (Futbol), Enzo Potolicchio (Automovilismo), Greivis Vázquez (Básquet), Pastor Maldonado (Automovilismo), Johnny Cecotto (Motoclismo), Daniela Larreal (Ciclismo), Carlos Coste (Apnea), Nicolás Pereira (Tenis), José Rujano (Ciclismo), Víctor David Díaz (Básquet), Albert Subirats (Natación), Magnum Martínez (Surf), Milka Duno (Automovilismo), Adriana Carmona (Tae Kwon Do), Alejandra Benítez (Esgrima), Sam Sheppard (Basket), Carlos Lavado (Motociclismo), Dalia Contreras (Tae Kwon Do), Fabiola Ramos (Tenis de Mesa), María Alejandra Vento (Tenis), Omar Monterola (Atletismo), Antonio Díaz (Karate), Cesar Baena (Esquí), Julio Luna (Pesas - Halterofilia), Jonathan Vegas (Golf), Arlindo Guveia (Tae Kwon Do), Ivet Rojas (Gimnasia Artística), Leonardo Sierra (Ciclismo), Daniel Dherts (Ciclismo), Silvio Fernández (Esgrima), Alex Popow (Automovilismo), Marcos Falcón (Judo)?

O de algunas de nuestras brillantes figuras del Arte, las Ciencias y la Vida, como fueron, son y serán, Aldemaro Romero, Alejandro Otero, Alfonso Carrasquel, Alfredo Marcano, Alfredo Sánchez Luna (Alfredo Sadel), Alí Primera, Andrés Bello, Andrés Eloy Blanco, Andrés Galarraga, Antonio Armas, Antonio Gómez, Antonio González "Gonzalito", Antonio Guzmán Blanco, Antonio José de Sucre, Antonio Montilla, Antonio Nicolás Briceño, Aquiles Nazoa, Arístides Rojas, Armando Reverón, Arnoldo Gabaldón, Arturo Michelena, Arturo Uslar Pietri, Baudilio Díaz, Belén SanJuan, Brígido Iriarte, Caracciolo Parra Pérez, Carl Herrera Allen, Carlos "Morocho" Hernández, Carlos Cruz Diez, Carlos Delgado Chalbaud, Carlos Raúl Villanueva, Cayetano Carreño, César Rengifo, César Tovar, César Zumeta, Cipriano Castro, Crisanto España, Cristóbal Mendoza, Cristóbal Rojas, David Concepción, Dr. José Gregorio Hernández, Eduardo López Bustamante, Eduardo López Rivas, Fabricio Ojeda, Fermín Toro, Fernando Peñalver, Francisca Duarte, Francisco de Miranda, Francisco Narváez, Francisco Pimentel Agostini, Francisco Salias, Guillermo Gavidia, Gustavo Ávila, Gustavo Dudamel, Gustavo Enrique Cabrera Gómez "Gamelote", Héctor Alvarado, el maestro, Héctor Thomas, Humberto Fernández Morán, Jacinto Convit, Jacinto Lara, Jacobo Borges, Jesús Rojas, Jesús Soto, Johan Santana, José Antonio "El Mocho" Gil, José Antonio Abreu, José Antonio Anzoátegui, José Antonio Páez, José Félix

Ribas, José Francisco Bermúdez, José Gil Fortoul, José Leonardo Chirino, José Loreto Arismendi, José María España, José María Vargas, José Rafael Revenga, José Ruperto Monagas, José Tadeo Monagas, Josefa Camejo, Jóvito Villalba, Juan Antonio Pérez, Bonalde, Juan Bautista Arismendi, Juan Crisóstomo Falcón, Juan de los Reyes Vargas (El indio), Juan de los Santos Contreras "El Carrao de Palmarito", Juan Germán Roscio, Juan José Flores, Juan José Landaeta, Juan Lovera, Juan Pablo Pérez Alfonzo, Juan Vicente Bolívar, Juan Vicente Tovar, Juana Ramírez, Laura Evangelista Alvarado Cardozo, Lino Gallardo, Lisandro Alvarado, Luis Aparicio, Luis Beltrán Prieto Figueroa, Luis Manuel Urbaneja Achelpohl, Luis Pastori, Luis Razetti, Luisa Cáceres de Arismendi, Magglio Ordóñez, Manuel Felipe Tovar, Manuel Gual, Manuel Piar, Manuelita Sáenz, María de la Concepción Palacios y Blanco, Mario Briceño Iragorry, Martín Tovar y Tovar, Miguel Otero Silva, Miguel Pérez Carreño, Naomi Soazo, Negra Hipólita, Negra Matea, Néstor Luis Pérez Luzardo, Omar Vizquel, Pedro Camejo (Negro Primero), Pedro Centeno Vallenilla, Pedro Elías Gutiérrez, Pedro Emilio Coll, Pedro León Zapata, Pedro Pérez Delgado, Rafael María Baralt, Rafael Monasterios, Rafael Rangel, Rafael Urdaneta, Rafael Vidal, Rafael Villavicencio, Raimundo Andueza Palacios, Ramón Díaz Sánchez, Renny Ottolina, Rómulo Gallegos, Salvador Garmendia, Santiago Mariño, Santos Bermúdez, Simón Bolívar, Simón Díaz, Simón Rodríguez, Teodoro "Teo" Capriles, Teresa Carreño, Teresa de la Parra, Tito Salas, Tulio Febres Cordero, Vicente Emilio Sojo, Vicente Lecuna Salboch, Vicente Paúl Rondón, Vicente Salias, Víctor Davalillo, Víctor Rodríguez... entre tantas otras mentes geniales que seguramente estoy omitiendo (Tomado de http://ilustres.com.ve/).

Cuando los olvidamos, no les paramos o ni siquiera nos interesaron... porque *Chávez Somos Todos*.

¿Cuantas veces nos han dicho que somos "Luz de la Calle y Oscuridad del hogar"? Y tanto que lo criticamos... no somos diferentes, *Chávez Somos Todos*.

Toda la furia demostrada en declaraciones, marchas y conversaciones, en donde resaltábamos la capacidad infinita de Chávez y su equipo para saltarse la Constitución y cualquier ley, mientras nos comemos una luz del semáforo, el hombrillo o simplemente nos coleamos en la cola... Cuando ruegas al contador para que cambie la información tributaria para "**Pagar menos**" o "**No pagar**", después de todo, esos reales se lo agarran los corruptos... no te engañes, es lo mismo... *Chávez Somos Todos*.

Le llamaron "Idolatra", que se burlaba de la Fe, adorador de ídolos... ¿y cuantas veces solo nos acordamos de Dios cuando solo tenemos un problema... y besamos la cruz y lloramos... y una vez resuelto simplemente lo olvidamos? Cuando acudimos a la brujería, santería o cualquier otra secta o religión, cuando no entendimos el mensaje de Dios o su respuesta no era la que queríamos o simplemente nos dijo NO… ¿Será que podemos tranzar en cumplir 5 Mandamientos en lugar de 10? ¿Entonces Somos o no Somos Chávez?

Le llamamos grosero y ordinario, cuando justificamos nuestros ataques a nuestras esposas, concubinas, parejas y parejos o a los hijos, compañeros, a otros conductores y peatones o a los que te apretujan en el metro… es que siempre son los demás y la ordinariez en cada uno de nosotros es original y hasta simpático… Es fácil, *Chávez Somos Todos*

Mucho opositor que estuvo antes a su lado, le admiró, le siguió, le secundó, tal como él lo hizo con Sadam, Gadafi, Mugabe o Bashar… ¿Son o no son como Chávez???

Le llamamos mentiroso y mentimos, irrespetuoso e irrespetamos, le acusamos de "mojar" las manos de pueblo y funcionarios, y no nos tiembla el pulso para **"dar para el café"** al Policía, al Fiscal o al funcionario… ¿Entonces qué tanta paja hablamos de que NO somos como Chávez???

Tanto que le llamamos intolerante, enemigo de la libertad de expresión y gritamos improperios a un Chavista o a la prensa gubernamental, ¡*Chávez Somos Todos*!

¿Cuantas veces viajamos a Houston o Florida, USA, para recibir un diagnóstico o tratamiento cuando en Venezuela teníamos de lo mejor en Médicos, medicinas, Equipos y tratamientos? Simple, *Chávez Somos Todos*

Nuestro problema no es Chávez, él solo es el máximo reflejo de lo que somos, de lo que nos hemos convertido, de lo que compartimos, aceptamos y enseñamos.

Porque para la mayoría de los venezolanos, la ley es para que los otros lo cumplan, eso es para los "Pendejos", los marginales son los otros, nosotros y cada uno de nosotros no entramos en ese lote…

Porque para la mayoría de los venezolanos, es más fácil retweetear una solicitud de donación de sangre que donar. Es más fácil solicitar ayuda que ayudar. Es más fácil **"Compartir"** en Facebook o ponerle un **"Me Gusta"** a una consigna política, que comprometerse a una causa. Es más fácil atacar a un candidato o a alguna organización que participar.

Es que nuestra ciudadanía la entregamos, hace tiempo dejamos de ejercerla y si llegaron unos extranjeros y la tomaron, ni siquiera la peleamos… apenas nos quejamos.

Y les recuerdo que nuestros soldados no están hechos de agua y lodo… son hijos tuyos…son hijos míos… son padre, hermanos, tíos y tías, son el producto de nuestra educación, de los valores que le hemos inculcado, al igual que el delincuente, el profesional, el taxista y el motorizado.

Definitivamente siempre nos parecemos a lo que más rechazamos…

Definitivamente… *Chávez Somos Todos*

¡DESPIERTA VENEZOLANO QUE VENEZUELA Y EL

FUTURO NO ESPERARAN A QUE DESPIERTES!
¡VENEZOLANO… LEVÁNTATE Y ANDA!

Por cierto… el que suscribe NO ES CHÁVEZ, Soy simplemente, REINALDO POLEO, un venezolano con defectos y cosas buenas, luchando cada día por ser mejor persona, mejor cristiano, mejor ciudadano y definitivamente mejor Ser Humano.

Por un mejor venezolano… un mejor ser humano para una sola humanidad.

Publicado el 19 de Marzo 2013 por Reinaldo Poleo
http://unaaventurallamadavida.blogspot.com/2013/03/chavez-somos-todos.html

22 Y MAÑANA 13 SON 49

Entre mis muchas "Inactividades" cotidianas, he querido dejar un espacio para la reflexión y la mesura, un momento en el cual me abstraigo del tumulto diario, excesivamente adobado con ingredientes de violencia, recesión, crisis espiritual, inseguridad y fogosidad electoral, ésta última, la 14va. en 14 años y la segunda presidencial en 6 meses...

Un mar de pensamientos y recuerdos inundan a mi cerebro, momentos antes de actuar presto en una elección más...

Y lo digo en plena conciencia de que es una elección más, porque en TODAS me he jugado mi futuro, el de mi familia y conciudadanos.

NO puedo dejar de pensar, en que antes de 1999 mis sueños estaban enfocados en el desarrollo de una carrera, de un empleo, de hacer las cosas que me gustan y obtener los bienes que con mi trabajo merecía.

Hoy miro al risueño muchacho de los 90, lleno de ambiciones, sueños y me impresiona en el sobreviviente en el cual me he convertido.

Pérdida de mi empleo, el peregrinaje en la búsqueda de otro, el no conseguir, posponer los hijos con los que soñé por no sentirme capaz de darle lo básico, ser estafado por el amigo, ser mantenido por la abnegada mujer que me acompaña y surgir de mis cenizas, 14 años más viejo físicamente, pero con el espíritu rejuvenecido por el ejercicio de la lucha.

Cuantas oportunidades dejé pasar por no vender mis ideas ni arrodillar mis valores...

Pero heme aquí, sin los hijos que siempre quise, pero con la piel curtida por la inclemencia de los tiempos vividos, sacando mi propio sueño de las cenizas de la vorágine comunistoide, creciéndonos en la adversidad, adaptándonos.

Heme aquí parado de frente al espejo de mi vida, orgulloso de la dura imagen que veo, la del hombre que vive los principios inculcados en el hogar de unos padres maravillosos y de amigos en el seno de una iglesia, que con todos sus errores, tuve la fortuna de conocer su mejor cara.

La imagen de un hombre que se ha empeñado en dejar la mejor de las huellas en las personas que ha tenido la fortuna de conocer y hoy puedo mirar la sonrisa en la cara de los que me recuerdan.

La imagen de un hombre orgulloso de su pasado, luchando su presente y cultivando su futuro… la vida es una eterna siembra y cada día una oportunidad de recoger nuestra cosecha.

Mañana cumplo 49 años, y como le dije en "la cola cotidiana", a mi esposa esta madrugada, en verdad he vivido una vida plena.

¡Carajo! Dura pero plena.

Miro en el espejo y veo a un hombre que se ha ganado todo y a todos con el sudor de su alma.

Yo duermo tranquilo, el sueño que merece todo ser con la conciencia limpia, por ser el mismo por todos lados, en todos lados y siempre.

El domingo voy a Votar, y mi decisión es sencillita, votaré por el cambio… no sé si será lo mejor, pero lo que sí sé es que será diferente, no sé si en un año mi lucha continuará, pero lo que les puedo garantizar es que mi mano siempre se alzará en contra de la injusticia, en contra de la violencia, en contra de todo aquello que se fundamente en valores contrarios al Amor, la Paz y la Armonía, sea del color que sea.

Si algo he aprendido en estos años es que, nada que no esté fundamentado en la unidad, en la inclusión y en el amor, amor verdadero, ese amor único que implica en la entrega total por amigos y enemigos, fundamentado en el bien común, puede terminar bien.

El domingo votaré en contra de la postergación… porque simplemente no tengo toda una vida por delante para vivirla… ¡Solamente tengo mi hoy! Y en mi hoy no puedo salir de noche porque nos pueden robar la cartera y el mañana. En mi hoy veo a mi hermano motorizado como una amenaza a mi integridad, a la de mi gente, a la del carro o celular que tanto me han costado obtener.

En mi hoy Valencia y Maracaibo siguen sin su Metro en tantas Campañas reinaugurado.

En mi hoy sigo luchando para pagar una costosa póliza de Hospitalización porque no quiero morir en un hospital público.

En mi hoy tengo que parir impuestos para pagar servicios que no tengo ante el riesgo de perder la empresa que tanto me ha costado hacer y de dejar sin ingresos a los que creyeron en mí y dependen de mí.

En mi hoy no hay nuevas empresas y el estado se convirtió en un Productor de miseria y desempleo.

Mañana cumplo 49 años, ya me arrebataron un 13 de Abril, pero me niego a que me arrebaten otro, pasado mañana voto y solo espero que el 15 de Abril comience una nueva lucha, una lucha sin tanto aire viciado por la corrupción de unos pocos, con sus camisas rojas blindadas como blindadas son sus camionetotas y su ejército de escoltas.

El Lunes tengo 49 años y como dijo "el Flaco" desde su injusta prisión, amaneceré *"Con más Futuro que pasado"*, con otra lucha para Bien o para Mal. Pero seguiré luchando.

Porque creo que hay más gente buena que mala y cuando digo esto lo hago en el recuerdo de aquellas palabras de mi Abuela Panchita, "es que el bien se reconoce porque se ve, sabe y huele a bien".

Solo un ambiente de Paz y Justicia puede abonar el desarrollo social y el progreso, es simplito, ese ambiente no genera distracciones y hemos pasado 14 años distraídos.

Ya es hora de dejar las distracciones, que las ideologías no hacen falta para trabajar y progresar. El pan de mi mesa no lo trae un color sino mi sudor.

El Lunes tengo 49 años y solo quiero como regalo un Sol que caliente a todos, una luna que ilumine nuestros sueños tranquilos y una tierra llena de progreso, de paz y de millones de personas conscientes de que somos una sola raza, somos solamente seres humanos y somos ¡VENEZOLANOS!!!.

No puedo terminar sin agradecer al Flaco Henrique Capriles, @hcapriles, porque has "dejado el pellejo" en esta doble batalla, como tu bien has dicho. Porque me consta que tú, al igual que millones de venezolanos, tenemos 14 años dejando el pellejo cada día para poder vivir.

Gracias Flaco, tu hiciste tu parte, pasado mañana hacemos la nuestra con la fe y la esperanza de que a partir del 15 de Abril, seamos una sola nación con una sola realidad y esa realidad se llama ¡VENEZUELA!

"Vamos Cumpa Carajooooo que para amanecer no hacen falta gallinas sino el cantar de gallos" *Alí Primera*.

¡Gracias por leerme, se les quiere a TODOS… con corazón de Venezolano, porque #YoSoyVenezolano!

Publicado el 12 de Abril del 2013 por Reinaldo Poleo
http://unaaventurallamadavida.blogspot.com/2013/04/y-manana-13-son-49.html

23 ¡A MADURO VOY! ¡QUE VIVA CAPRILES!

Muchos me han preguntado de donde viene mi tranquila y hasta sádica alegría, a la luz de los eventos y resultados adversos del 14 de Abril. A 14 años de Revolución Bonita, no debemos perder de vista otros aspectos que se deben tomar en consideración antes de celebrar un triunfo del Flaco.

Al ver las lágrimas derramadas por mi esposa, al escuchar a la Tripolar y Fatídica Tibisay, entregar sus resultados "Irreversibles" con una diferencia pírrica, vino mi pregunta... "¿No te preparé para este resultado?".- A lo que me respondió "No lloro por el resultado, lloro por lo que aún le falta a Venezuela".

Luego de eso, la serenidad del que mira al futuro con la claridad propia de un Oráculo y la tranquilidad, la misma que sentían los que me acompañaron, en aquella Semana Santa, a un recóndito y mágico lugar en las cercanías de nuestro hermoso Barquisimeto, Estado Lara.

Ese Jueves Santo, decidí pasear por Barquisimeto y visitar a nuestra muy querida Divina Pastora, después de un grato paseo por tan preciosa ciudad (Debo reconocer que siempre será una de las ciudades más bonitas y organizadas de Venezuela), me llevé a mi gente a comer a uno de mis lugares predilectos en el Estado Lara... ¡El Restaurante Pino Verde!.

Eran casi las 3 de la tarde cuando al fin llegamos a ese mágico lugar enclavado al margen de la Autopista a Acarigua. Un irreal espació que conjuga lo rustico, lo familiar y lo sabroso.

Una cálida tarde de Semana Santa nos recibía golpeando nuestra humanidad al salir del aire acondicionado del vehículo, aunque una mata de mango nos brindaba su sombra, en un esfuerzo desesperado de noble hospitalidad.

Una suave brisa se abría paso en el húmedo calor arropando tejas y mesas mientras las suaves notas del cuatro que acompañaba las acompasadas voces de los músicos de ocasión, nos daban la bienvenida y distraían el "hambrazón".

Nuestra llegada trunca una voz y al instante sale a recibirnos mi estimado amigo Cesar, mejor conocido en la culinaria Barquisimetana como el Chef Cesar Pino o simplemente el legendario @Cesarpinoverde del tweeter, magistral anfitrión y ahora en calidad de cantante. Nos recibe el Papelón con Limón, servido helado en el legendario pote de mayonesa. Y entre el refrescar de la tarde, el Tibón de Cochino a la brasa, la improvisación musical y la buena compañía, surge el inevitable tema... "¿Y como ves la cosa?".

Inmediatamente, mi estimado amigo me manifiesta el temor a que gane el Flaco... lo cual confirmo ante el asombro familiar y revelo mi secreto temor...

No es una sorpresa la verdadera situación del país, las expropiaciones y el sistema lacayo de justicia, los cuales han alejado la inversión foránea del país; de igual forma ha desaparecido paulatinamente la empresa nacional. Es un hecho reconocido por las estadísticas del estado, que la producción Nacional ha caído a niveles nunca antes visto, sustituyendo los bienes por productos importados, que apenas mantienen a una precaria estructura comercial y de servicios, asediada por políticas laborales, cada vez más costosas y retrogradas.

Nuestra única tabla de salvación es, como siempre, el petróleo. Y en su forma más pura, porque la venta de cargos, la pérdida de cerebros, la carencia total de gerencia (hay gerentes...no gerencia), nos ha reducido a primitivos exportadores de petróleo, cuando llegamos a tener una de las industrias petroleras y de derivados más exitosa del mundo entero.

Hoy día... hasta importamos aceites y gasolina.

El país se encuentra endeudado hasta la médula, los venezolanos tenemos Giros firmados por varias generaciones, mientras las arcas de los enchufados se incrementan a "paso de vencedores".

Los Poderes se encuentran "Rodilla en Tierra" ante el Sistema Socialista, compra y venta de conciencias... porque con "Plata" es fácil Administrar... y más fácil Gobernar.

Tenemos una de las Inflaciones más altas del mundo, la cual se mantiene a fuerza de venderle al pueblo "Manzo", Esperanza y Circo... porque hasta el pan, en ocasiones, es difícil de encontrar.

Poseemos una Asamblea Nacional con una Oposición que obtuvo MAS VOTOS, pero con menos Diputados, una Suma Socialista de un sistema diseñado para no fallar.

Y al que quiera detalles que los busque por internet que esto no es una catedra de Geopolítica Económica Bolivariana.

La Internet o como la conocemos por acá, la "Carretera de Tierra de la Información" (porque hasta la velocidad de la Autopista cayó en manos de la ineficiente y controladora CANTV, ahora hija putativa del Cubano y ejecutor del Régimen Ramiro Valdez).

De paso, las fuerzas del Orden son manejadas por la inteligencia cubana (G2), ante unas fuerzas armadas y policiales genuflexas al poder invasor… hasta se ha comenzado a cantar el Himno Cubano en eventos públicos en un claro gesto de la más profunda traición a la patria.

De igual forma, las "Fuerzas del Desorden", mantenidas por el Gobierno y formadas Milicias, Hordas de Motorizados Armados y "Colectivos", fuerzas terroristas, de choque, protegidas por las ya nombradas "Fuerzas del Orden", las cuales trabajan para mantener un clima de Inseguridad, amenaza y Miedo en la buena gente de este país.

¿Qué podemos esperar de un triunfo del Flaco?…

Su talante Democrático le ataría las manos ante una Asamblea que tendría 2 años antes de su renovación. Un poder Judicial arrodillado a una parcialidad política, contrario a la verdad y la justicia, cuyas decisiones han demostrado estar inclinadas a las decisiones de un poder oculto tras la sombra de un partido y de otro país.

No… nada fácil el futuro del Flaco… guerrilla urbana, delincuencia desbordada, paranoia ante tanto infiltrado, saboteo a las iniciativas económicas destinadas a desmotar el obsoleto y corrupto aparato socialista…

En 2 años el Chavismo sin Chávez se vería fortalecido ante un gobierno atado y asediado… en 2 años no se necesitaría de un Poder Electoral dudoso y funesto para entregar la asamblea a la nueva "Oposición Roja" y en tres años un revocatorio sería aplastante y definitivo para perpetuar a cualquier pendejo en el poder, ¡ Hasta el 2021 y más allá!!!!.

Por supuesto la complicidad de los ya internacionalmente denunciados Narco Generales, podrían incluso poner una sombra de golpe para rescatar al pueblo de la ineficiencia del "Burguesito Derechista".

Consternación… silencio…

Sigue la música… ha refrescado y el café en el pote de compota nos indica que debemos retomar la carretera para regresar. La despedida y el compromiso de los presentes de que mi voto va a Capriles… ante la mirada de "No Entiendo Nada" de mi esposa y mi cuñada…

El Perro Aristóbulo nos acompaña hasta el carro mientras juega con una Pepa e' Mango… Atrás dejo al amigo… al anfitrión y a la dieta…

En el frío del aire acondicionado… reina el silencio… el sopor del opíparo almuerzo cae sobre la audiencia, cuando mi esposa, con voz casi atropellada me afirma… "¡Entonces sería como traición al Flaco, votar por El Flaco!".

¡NOOOOO! Salta mi voz escandalizada.

NOOOO… ¡El personalismo, los intereses cubanos y los intereses personales de la manga de enchufados corruptos NUNCA van a dejar ganar a Capriles! Por la simple y única razón de que por encima de la estrategia

¡NO VAN A QUERER DEJAR EL PODER, NI PERMITIRÁN LA MAS LEVE POSIBILIDAD DE PERDER NI POR UN SEGUNDO LO GANADO Y LO QUE ESTÁN GANANDO!!!.

"Vamos a tener una derrota aplastante, CUENTO con una derrota aplastante, para que la depresión económica, la corrupción, la ineficiencia y la inseguridad, sin un verdadero liderazgo que amalgame los intereses de las Bandas Gobernantes, acaben definitivamente y para siempre el Ineficiente e Indecoroso Socialismo del Siglo XXI de la faz de esta tierra y del corazón de todos y cada uno de los venezolanos.

El progreso y el desarrollo no permiten atajos. Un niño no puede llegar a ser un viejo sin pasar por la adolescencia ni la edad adulta, porque de llegar a serlo sería un Viejo defectuoso, bizarro y enfermo, como enferma es la ideología que no crea sino destruye".

"Pero debemos votar porque debemos dejar rastro de nuestra decisión… porque algún día se sabrá la verdad y el mundo y nuestras futuras generaciones sabrán que fuimos una generación de lucha y de fuertes valores democráticos… sabrán que NO NOS FUIMOS EN SILENCIO… Y QUE DEMOCRÁTICAMENTE Y EN PAZ SEGUIMOS SIENDO UN BRAVO PUEBLO."

Noche del 14 de Abril del 2013… atónito recibo reportes del triunfo de la opción Democrática… la estrategia de la MUD ha sido exitosa y ha desmontado el jueguito movilizador del gobierno.

Se retrasa la declaración de los Rectores del Poder Electoral… Pasan las horas ante una creciente incertidumbre, mientras las hordas motorizadas y armadas Chavistas (Las Fuerzas del Desorden), recorren diferentes zonas de la capital del país, amenazando y con disparos al aire amedrentando a la ciudadanía ante la mirada aprobatoria de las fuerzas armadas, encargadas de resguardar el proceso "electorero".

Luego el resultado… ante un país expectante se presenta una Tibisay Lucena, nerviosa desencajada, que entre atropelladas palabras emite un "Resultado Irreversible", con un manejo de cifras estadísticas rápido y con sumas erradas y avisando que la diferencia es mínima… menos de un 1%... pero "IRREVERSIBLE".

Sin más, se paran los rectores a retirarse rápidamente, con una velocidad inusitada. De pronto, ante el asombro de propios y extraños, se escucha la fuerte voz, del Rector Vicente Díaz, quien tomando el micrófono anuncia inconsistencias y denuncias, e insta a la realización de un conteo manual del 100% de los votos.

Debo reconocer que nada de esto entraba en mi análisis… cuán grande podía haber sido la votación de la oposición para que, con todo el manejo incontrolado de recursos, votaciones asistidas, filmaciones de centros clandestinos de Votos, amedrentamiento y quien sabe que otras tácticas, el resultado fuese TAN estrecho!…

Mi esposa, no soporta ver al Nicolás, en su insulso discurso plagado de incoherencias y mentiras, hablar de un Pacto con Capriles y su aprobación al recontео de votos…

Mi esposa se acuesta porque no quiere ver de nuevo a Capriles reconociendo el triunfo del oficialismo, a pesar de las múltiples razones que esgrimí para aceptar esos resultados. Ella solo quiere dormir, decepcionada del pueblo, del gobierno, de la oposición y creo que hasta de mí…

Una soledad bien conocida se escucha en la calle… la ciudad parece de luto…

Aparece el Flaco ocupando la pantalla del televisor… me preparo… ante este nuevo panorama no puedo creer que tome un tono conciliador… ¡"NO ACEPTAMOS EL RESULTADO, QUEREMOS RECONTEO, NOSOTROS GANAMOS"!!!.

Palabras más… palabras menos… miro a donde mi esposa duerme (o creía que dormía) y puedo apreciar el brillo de orgullo en sus ojos…

¡El Flaco se convierte ante nuestros ojos en un GIGANTE! Un GIGANTE que amalgama el deseo de cambio de millones de Venezolanos y Venezolanas, de opositores y Chavistas que quieren y gritan por un futuro mejor o al menos más decente!.

Hoy 29 de Abril del 2013, ante las mentiras de un Poder Electoral que trata de impedir la Auditoría tal y como reza la LEY, ante un Poder Judicial que trata de blindarse ante la presentación de una Inevitable impugnación, el pueblo de Venezuela está reunido en un nuevo proyecto de país, un PRESIDENTE ELEGIDO POR UNA MAYORÍA que nos muestra una lucha pacífica, ante las campañas de un gobierno fascista nacional Nacionalista que persigue y detiene a todo aquel bajo sospecha de ser opositor y con un índice de caída del 10% del Ilegítimo… masas de trabajadores del poder público han sido despedidos, militares detenidos, criminalización de la protesta y la ILEGITIMIDAD Y EL FRAUDE flotando en la lluviosa atmosfera de esta nueva Venezuela.

¡Cuando Caceroleamos nos contamos, y estuvimos juntos los Chavistas y Caprilistas, para muchos una sorpresa, pero una grata realidad… con las Cacerolas descubrimos que somos más los que queremos un cambio!.

¡La Asamblea Nacional se ha declarado públicamente en rebeldía contra todo aquel que adverse al régimen! Criminalizando a los Diputados opositores que como recordarán fueron elegidos por la MAYORÍA de los votantes.

Una auditoría NO ES POSIBLE, desmontaría el fraude y haría ilegítima quien sabe cuántas elecciones anteriores, dicha deslegitimación abriría la posibilidad de desintegrar la Asamblea de "Dudosa" procedencia… así como haría Reos por Crímenes electorales a los representantes del Poder electoral que propiciaron el sistema actual.

La empresa Smartmatic, perdería jugosos contratos con diferentes gobiernos mundiales, sometiendo al escrutinio todas aquellas elecciones que hayan sido avaladas por sus máquinas y sistemas.

Los gobiernos Latinoamericanos, que han copiado el método Chavista de reelección con elecciones automatizadas también enfrentarían al fantasma de la ilegitimidad, pudiendo producirse el Incendio de un Continente indignado por las mentiras, la corrupción y el abuso de poder.

Dudo que sea tan fácil o de que nos la pongan tan fácil... La gente está acostumbrada a que otros hagan sus luchas... no es el momento de Instancias Internacionales, no es el momento de buscar apoyos en gobiernos que nos desangran, la compra de conciencias ha sido MUNDIAL.

¡Es NUESTRO MOMENTO, es el momento de todos y cada uno de los venezolanos que queremos un futuro mejor, un futuro que debe nacer del esfuerzo y la dedicación de cada uno de NOSOTROS.

La firmeza y la consolidación de NUESTROS mejores deseos solo se harán realidad, en la medida de que cada uno haga su mejor trabajo.

Reconstruyamos los valores que hicieron de Venezuela Tierra de Gracia, Faro de Libertad, Oasis de los hijos de las Guerras del Mundo.

¡Vale la pena dejar el pellejo por este pedazo de tierra!

¡ATACA FLACO!!!

¡CUENTA CONMIGO!

¡CUENTA CON NOSOTROS!

¡CUENTA CON VENEZUELA!

Publicado el30 de Abril del 2013 por Reinaldo Poleo
http://unaaventurallamadavida.blogspot.com/2013/04/a-maduro-voy-que-viva-capriles.html

24 EPITAFIOS

"¡Dios estas lento!" increpaba mi querida Geraldine, mientras miraba al cielo desafiante. Pero es que no es fácil tener paciencia después de 14 años... como que se empichan las emociones y se distorsiona la fe.

Pero como explicarle a Geral que nada fácil es duradero... la vida es un proceso y al detenerme un momento, evoco tantos momentos de mi intensa vida.

Pareciera que fue ayer cuando comencé en el colegio y mi edad cabía en mis 2 manos... Como soñaba llegar al bachillerato. Dejar la franelita de borde azul y usar la camisa blanca y chaqueta blue jean de los "Grandes"...

Un día desperté discutiendo con el Profesor Danilo, mi nota final de Lenguaje y Literatura... Me dio el 20 y atrás quedo el 5to. Año de Bachillerato.

El comienzo del resto de mis días, pensaba yo, la Universidad se veía como la más grande aventura, alejarme del hogar, vivir solo, dueño y señor de mis buenas y no tan buenas acciones. El despertar del conocimiento profesional y el peso de las responsabilidades, la época en la que me convertí en YO y dejé atrás el Nosotros, sin darme cuenta que asumía un Nosotros aún mayor y para siempre.

Cuantas veces un mar embravecido me hacía desear la tranquilidad del hogar materno... correr a los brazos de mi mamá, acurrucarme y esperar las papas fritas mientras veía a Rintintin. O tal vez esperar a que mi papá apareciera como siempre, con la solución correcta para resolver cualquier problema existente de la humanidad.

Cuantas vivencias, cuantas aventuras, cuantas historias de mi vida se convirtieron en leyendas.

Y murió mi Abuelo, no pude contarle de mi primer semestre viviendo solo... se fue mi abuela y no me quedé "esa" noche... mi vieja Pancha ni siquiera supe cuando se fue... oré por milagros, unos llegaron otros no...

Cuantas veces se me infló el corazón tan grande que pensé que se me salía del pecho, cuantas veces sentí que estallaba y se convertía en millares de pedazos que nunca podrían ser pegados.

Siempre faltaba mucho tiempo para las vacaciones y que rápido pasaban las vacaciones, que largo era el día previo a la llegada del Niño Jesús y que rápido pasaba ese maravilloso día.

Cuan largo se hace el camino que no queremos andar y que lejano y breve se ve después de recorrido.

Dios... fuiste rápido en lo divertido y lento en la dificultad... pero ya todo es parte de mi pasado. Se convirtió en experiencia, en soluciones, en errores consumados y milagros renovados.

Y salió el Sol nuevamente, una y otra vez, y me acompañó la luna y las estrellas. Mi vida se llenó de días y de noches. Dormí y desperté, reí y lloré, me caí y me levanté. Cuanto ritmo diferente tiene la vida... pero siempre terminamos bailando con ella hasta que nos toca la última pieza.

Las penas del ayer se ven tan lejanas, yo que pensaba que Dios era lento y ya tantas cosas pasaron... buenas, malas y peores... pero pasaron.

No Geral, Dios no es lento... es simplemente Dios.

Porque hacer "lo que se tiene que hacer" no siempre es de nuestro agrado, es más fácil descongelar una comida refrigerada que hacerla desde el principio, aunque al final simplemente nos la comamos, la diferencia está en la magia del proceso.

Es que la instantaneidad es cosa de máquinas, mientras que la aventura de los procesos es cosa de humanos...

Y el proceso humano es lo que más nos acerca a la Imagen y Semejanza de Dios.

Hoy nos enfrentamos a un duro proceso humano en nuestra patria Venezuela, ese país fantástico que nos vio nacer, el mismo país espectacular que mi papá me enseñó a amar y recorrer. Que mi mamá me enseño a entender. Imperfecto, cambiante, desafiante y venturoso, Costa y Selva, Llano y Montaña. Negros, blancos, aborígenes y creo que hasta extraterrestres fundidos por la fragua del tiempo y de la historia, convirtiéndonos en un solo hombre-mujer, un solo ser VENEZOLANOS.

Porque somos lo que somos y nuestro mal mayor es no encontrarnos. ¡Porque si nos encontramos, seremos un solo ser IMPRESIONANTE!!!

Dios no es lento, es que somos flojos.

Es que esperamos a que los problemas se resuelvan solos. Esperamos a que el papel sanitario aparezca en los estantes como por arte de magia. El problema es que pensamos que son duendes los que llenan los estantes de los supermercados durante la noche. O que son los policías los que nos tienen que cuidar cuando no sabemos que hacen nuestros hijos ni de dónde sacan el dinero para los zapatos súper caros que cargan.

Es que nuestra idiosincrasia sigue creyendo en la maldición de

Maracapana o en los superpoderes de san difunto o en que el único que pensó se apellidaba Bolívar.

Qué difícil es pensar que hay que terminar procesos, que lo bueno es lento. Y lo que dura no se funda en un día y tampoco tiene por qué durar 100 años.

Dejar la sangre quieta en las venas de los venezolanos pasa por la paciencia y la convicción de que se llenan los espacios, porque queremos una patria nacida de espacios llenos y no de venas vacías. Porque necesitamos venas llenas que inflen brazos que levanten un país. Necesitamos venas llenas que inflamen a los cerebros creadores de futuro. Necesitamos venas a punto de hacer corazones hinchados de amor por una patria justa y única, llena de matices y opiniones, de ideas y valores.

Y eso no es automático.

Hoy con orgullo puedo escribir mi epitafio, *"Aquí yace un hombre que vivió plenamente, que viajó, conoció, aprendió y desaprendió millones de veces acerca de millones de cosas en millones de lugares. Aquí yace un hijo de Dios que por sobre todas las cosas amó todo y a todos. Aquí yace un Venezolano ciudadano del planeta Tierra, que brilló junto a cada amanecer y navegó los 7 mares, la luna y las estrellas. Aquí yace el cuerpo de alguien que solo estaba de paso, porque al morir regreso a casa"*

Y tú, que me lees…

¿Qué dirá tu Epitafio?

A mi querida Geraldine Pérez...

Publicado el 4 de Junio del 2013 por Reinaldo Poleo
http://unaaventurallamadavida.blogspot.com/2013/06/epitafios.html

ACERCA DEL AUTOR

Nace en Venezuela el 13 de Abril de 1964. Hijo de Marietta de Poleo, Ama de Casa y Reinaldo O. Poleo T, Contador, transcurre su niñez entre las parroquias de Coche y el Valle en Caracas, Venezuela. Estudia Primaria y la mayor parte de la secundaria en el Colegio Fe y Alegría de La Rinconada. El 5to. Año lo realiza en el Seminario Menor de Caracas, ante una incipiente vocación sacerdotal que queda arropada por el llamado del Mar. En el año 1982 se traslada a la Isla de Margarita de donde egresa como Oceanólogo y Acuicultor del Instituto Universitario de Tecnología del Mar de la Fundación La Salle - Sede Nueva Esparta. La Universidad Simón Bolívar, lo contrata para la realización de proyectos de Impacto Ambiental, participando en varias publicaciones. Luego se desarrolló en la Actividad Gerencial en el mundo Editorial para posteriormente ser contratado por Seguros La Seguridad, C.A., primera empresa de Seguros de la República de Venezuela en el año 1989. Gerencia la Sucursal de Puerto Cabello, Edo. Carabobo, ocupando posteriormente los cargos de Coordinador de Producción en la Oficina Regional del Centro en Valencia, Estado Carabobo, luego es trasladado a la Gerencia de Producción Nacional en la Oficina Principal de la Compañía en Caracas, en la cual ejercería la Coordinación de Producción en Sociedades de Corretaje. En los años 90, posterior a la crisis de Bancos y Compañías de Seguros en Venezuela, experimentó la Gerencia en una empresa de Cable en Venezuela, SuperCable, C.A., para posteriormente iniciar un proyecto de representación de empresas de Seguros Internacionales en la naciente Centuria Investment Group, C.A. Desde el año 2007 inicia un proyecto propio que culmina con la fundación en el año 2009 de Consultores Integrales Poleo & Asociados, C.A. la cual conjuga a un staff de profesionales de las áreas de la Contabilidad, Administración y Seguros. En la actualidad Asesoran a Empresas en el desarrollo de su Gestión y Administrando exitosamente varias importantes Carteras de Seguros, garantizando el desarrollo de las mismas tras una estructura de servicio probada, garantizando la presencia del Asesor de Seguro, tanto en sus clientes como en las compañías que representa.

www.ingramcontent.com/pod-product-compliance
Lightning Source LLC
Chambersburg PA
CBHW070400290526
45790CB00004B/1567